ISBN 978-0-266-32794-3
PIBN 10380655

For support please visit www.forgottenbooks.com

Devéria del.   Lecomte sculp.

Dans le sommeil long-temps le contemple immobile,
Et rentre dans sa couche, à peine encor tranquille.

LE MÉRITE
DES FEMMES,

ET

AUTRES POÉSIES

PAR *Gabriel* LEGOUVÉ.

PARIS

LOUIS JANET, LIBRAIRE,

RUE St JACQUES, No 59.

EXTRAIT
DU DISCOURS

PRONONCÉ PAR M. LE COMTE

REGNAUD DE SAINT-JEAN-D'ANGELY,

PRÉSIDANT L'INSTITUT,

LE 15 AVRIL 1813;

En réponse au DISCOURS DE M. DUVAL,
succédant à LEGOUVÉ comme membre de la IIe classe.

MONSIEUR,

UNE mort prématurée a enlevé à l'Académie deux auteurs sur lesquels la littérature françoise et la scène tragique fondoient de justes espérances.

La tombe étoit à peine fermée sur M. de Chénier, quand elle s'est rouverte pour recevoir M. Legouvé.

Par une fatalité déplorable, la même

a

branche de littérature s'est vue frappée deux fois en peu de temps; et quoique je n'aie à parler aujourd'hui que de la seconde de nos pertes, il est naturel cependant que je rappelle la première, parceque chacune d'elles rend le regret de l'autre plus vif et plus sensible.

Oh! comme la mort est prompte à éclaircir les rangs, même au sein des cités! Ne vient-elle pas, en frappant M. de Lagrange, de briser au milieu de nous un des plus précieux, des plus nobles instruments de la pensée? Sans doute il ne m'appartient ni de devancer les savants éloges qui attendent ici cet homme illustre, ni d'assigner sa place, ni de mesurer sa gloire. Mais quand sa cendre n'est pas encore refroidie, je serois un organe infidèle de l'assemblée que je préside, si j'élevois la voix dans cette enceinte encore pleine de lui, sans faire entendre l'accent de la douleur et des regrets; lorsque la douleur et les regrets de la France, de l'Europe, du Monde, auxquels il révéla des secrets que Newton ne leur avoit pas appris, doivent retentir dans la postérité!

Vous l'avez sans doute éprouvé, Monsieur, les sentiments mélancoliques ont une inexplicable et irrésistible fécondité. Ils naissent les uns des autres, et leur tristesse a une sorte d'attrait auquel le cœur et l'esprit de l'homme sont portés à s'abandonner.

C'est ainsi qu'en me disposant à parler d'un jeune poëte, moissonné dans la force de l'âge, à l'époque où le caractère formé communique au talent une vigueur nouvelle, imprime au style une couleur définitive, ma pensée s'est portée vers ces places qu'une triste absence laisse inoccupées au milieu de nous; vers ces places où nos vœux, impuissants contre l'âge, les infirmités, la souffrance, appellent en vain le chantre des jardins, celui d'Éléonore, et ce Nestor de la scène françoise, dont Legouvé obtint les conseils dans sa jeunesse, l'amitié dans son âge mûr, et les larmes à sa mort: sage sans sévérité, philosophe sans ostentation, seul à douter de sa gloire, dont le long éloignement excuse, autorise peut-être les éloges et les regrets qui m'échappent, et qui, si ce n'est au milieu de nous, du moins dans sa douce solitude cultivera, je l'espère, encore long-temps l'amitié, les lettres, et la vertu.

Je regrettois que M. Ducis ne fût pas appelé à vous parler de vous-même; je regrette encore plus que sa voix touchante ne prononce pas les derniers adieux sur le tombeau de son élève.

C'est à lui, Monsieur, c'est au poëte qui chanta OEdipe et la fatalité, Antigone et la piété filiale, les amours brûlantes du désert, et le roi Léar, *mort à la raison et vivant à la nature*[1]; c'est à M. Ducis qu'il appartiendroit de parler dignement

---

[1] Expression de M. Legouvé dans une épître dédicatoire à M. Ducis.

de Legouvé, de ses talents, de ses travaux, de ses succès, de ses malheurs.

Mais puisque ce devoir, à-la-fois doux et pénible, m'est échu en partage, je parlerai de lui en me rappelant les sentiments qu'il m'inspiroit; et je trouverai dans ses ouvrages des couleurs pour peindre aussi honorablement son caractère que ses talents.

Le barreau de la capitale comptoit avec orgueil le père de M. Legouvé parmi ses premiers orateurs. La littérature eût pu s'enrichir de ses travaux, s'il lui eût été permis de les faire connoître. Mais à cette époque une discipline rigoureuse, ou plutôt un préjugé trop austère, ne permettoit pas aux orateurs admis dans le sanctuaire de la justice, d'entrer dans celui des lettres.

M. Legouvé renonça donc à une partie de la célébrité qu'il pouvoit espérer s'il se fût partagé entre l'éloquence et la poésie, entre la législation et les muses.

Il se consola de ne pouvoir leur offrir

un culte public, en y destinant son fils unique, et en l'y disposant par tous les genres d'études qui peuvent former un littérateur distingué.

Il eut à peine le temps de présager le succès de ses soins: il fut enlevé à sa famille par une mort imprévue; et Legouvé resta, dans la première jeunesse, riche à-la-fois des dispositions naturelles les plus heureuses, des bienfaits de l'éducation la plus soignée, et des dons de la fortune la plus honorablement acquise.

La gloire seule lui manquoit, et son jeune cœur en étoit avide. Il profita pour la chercher, pour la conquérir, de tous les avantages avec lesquels il entroit dans le monde. Il se consacra à la culture des lettres avec toute l'ardeur, toutes les espérances, toutes les illusions de son âge. Bientôt il composa sa tragédie d'*Abel*, et le succès de ce premier ouvrage décida de sa vocation et de la destinée de sa vie.

Encouragé par ses maîtres, éclairé par

leurs conseils, averti par la critique, il sentit le besoin de redoubler d'efforts, d'appuyer sa renommée naissante sur de nouvelles études, au milieu desquelles la révolution le surprit.

L'état d'indépendance où Legouvé se trouvoit placé ne permit pas aux événements de l'atteindre ; et les nombreux changements dont il fut témoin n'en apportèrent aucun dans sa situation, moins encore dans son caractère.

Au reste, c'est ce qui est arrivé à presque tous ceux qui ont vécu à cette époque mal connue, mal décrite, sur laquelle on a fait des journaux, composé des mémoires, et dont on ne peut encore que préparer l'histoire. La révolution n'a pas changé les hommes qui en ont été les acteurs ou les témoins, elle les a montrés tels qu'ils étoient. Elle ne les a pas fait sortir de leur caractère, elle l'a dévoilé.

Celui de Legouvé resta le même; il garda son inaltérable douceur. Il osa mon-

trer non seulement la pitié pour le mal-
heur, mais l'horreur pour le crime.

En 1794 et 1796, il donna deux ouvra-
ges, *Épicharis et Néron*, et *Quintus Fabius*.

Je n'en parle pas ici, Monsieur, pour
apprécier leur mérite littéraire. Une ana-
lyse rapide, des critiques superficielles,
des louanges générales, ne feroient rien
pour assigner leur rang parmi nos ouvra-
ges dramatiques, ni pour la gloire de leur
auteur; mais je les rappelle parcequ'ils
peuvent servir à peindre celui qui les écri-
vit.

Il montre dans *Épicharis* la haine de la
tyrannie; dans *Fabius* il combat d'un côté
cette farouche austérité romaine dont s'au-
torisoit la barbarie moderne; et de l'autre
il retrace l'exemple le plus touchant de
l'amitié courageuse et dévouée.

Vous m'avez dispensé, Monsieur, de
parler de *la mort de Henri IV*, si équita-
blement appréciée et si justement défen-
due par vous.

Mais puisque c'est avec des traits échappés de sa plume, ou plutôt de son cœur, que je veux le peindre, je ne dois pas négliger ces ouvrages d'un autre ordre, écrits, pour ainsi dire, d'inspiration, et où on retrouve son ame tout entière.

Si des sentiments doux, pieux, consolateurs, se montrent dans ses ouvrages dramatiques, c'est à côté de pensées fortes, de conceptions sévères, d'images terribles; mais dans ces poëmes écrits dans l'abondance de sa pensée, il s'abandonne à lui-même, il retrace ses sensations les plus habituelles.

Enclin à la mélancolie, comme toutes les ames tendres, avec quel charme il en a peint les douceurs! comme il fait sentir le prix des souvenirs, qui devoient un jour lui être infidéles! avec quelle ferveur il rappelle le culte des tombeaux, dont il a ranimé le respect parmi nous! enfin, avec quel enthousiasme il honore, célébre, défend ce sexe auquel il sembloit attaché

par des liens religieux, et qui eut tant
d'influence sur sa destinée!

Sa piété filiale fut, pour ainsi dire,
passionnée; elle suffisoit à son cœur,
long-temps encore après son enfance. Son
premier succès doubla de prix pour lui,
parcequ'il put déposer sa couronne sur
le sein de sa mère.

Dans la suite, de plus vifs, de plus
orageux sentiments occupèrent son cœur;
près de sa mère, il avoit d'abord senti la
vie avec douceur; plus tard, il la rêva
avec ivresse près de la beauté; enfin il en
jouit près de son épouse dans un lien pai-
sible, trop tôt rompu, et qui laissa dans l'i-
solement cette ame aimante, affoiblie par
la force même de ses affections, et qui
avoit un si grand besoin de tendresse et
de support.

Alors sa muse se tut, sa lyre se déten-
dit sous ses doigts, son imagination s'a-
mortit: il se ranima un instant; il repa-
rut comme aux jours de sa force pour cé-

lébrer, par sa traduction d'un poëme digne des belles époques de la latinité [1], la naissance d'un enfant-roi; mais bientôt il retomba dans l'abattement; son cœur se refroidit; sa vie, qu'il avoit prodiguée, commença à s'éteindre.

Accoutumé par plus de trente ans de soins attentifs, d'affections vigilantes, à se reposer sur le cœur d'une mère, et ensuite sur celui d'une épouse, sa maison devint pour lui un triste désert; pour recommencer à vivre, il ne lui manquoit peut-être qu'une famille.

Une famille, par la sécurité qu'elle nous donne, par le courage qu'elle nous inspire, peut nous défendre même des maux de la nature qu'appelle souvent l'imagination effrayée; ou, s'ils nous atteignent au milieu d'elle, elle en affoiblit le sentiment.

Les malheurs de la société, les revers

---

[1] Par M. Lemaire, professeur de poésie latine.

de la fortune, les chagrins de la disgrace, les ennuis de l'exil, une famille reconnoissante et dévouée peut tout adoucir : les blessures se ferment sous le baume qu'elle y répand; les larmes coulent moins amères sous les mains consolatrices qui les essuient.

Oh! combien elle est plus nécessaire encore à l'infortuné condamné à subir la vie, quand il lui en reste à peine la sensation, et qu'il en a perdu le sentiment; quand le passé est pour lui sans souvenir, et l'avenir sans prévoyance; quand la raison absente laisse le cœur éteint, et qu'il ne reste de nous qu'un mort vivant auquel on ne peut rien prêter, pas même des larmes, et dout les tristes débris ne peuvent être soignés que par la plus vive et la plus courageuse tendresse!

Mais cette famille absente, ou perdue, ou refusée par la nature, si elle ne peut être donnée, ne peut-elle du moins être suppléée en faveur du malheureux auquel elle manque?

Ici, Monsieur, qu'il me soit permis d'envisager un moment les sociétés littéraires, et celle même qui vous reçoit dans son sein, pour la première fois, sous un rapport particulier.

Pourquoi ne voir dans le choix qui y fait entrer, dans l'approbation solennelle du souverain, que la gloire de les avoir obtenus, que l'accomplissement d'un noble desir? Pourquoi ne voir dans les fréquentes réunions des membres de l'Académie que les jouissances de l'esprit, que la satisfaction de l'amour-propre? Pourquoi n'y chercheroit-on, pourquoi n'y trouveroit-on pas le contentement du cœur, un soutien contre les atteintes du malheur?.

La richesse s'épuise, les dignités se perdent, le pouvoir finit, la gloire s'évanouit; la gloire, ce qui tient à l'homme de plus près, la gloire même peut lui être enlevée : ce noble patrimoine peut être dissipé comme la fortune, et nous n'y avons des titres incontestables et certains que quand la main du temps les a inscrits sur notre tombe.

Hé bien ! dans la réunion même de tous ces malheurs, quand tout échappe à nos vœux, quand tout est regret, et que rien n'est espérance, quand l'homme sans parents ne seroit plus qu'un vieil orphelin misérable et délaissé, il n'aura pas tout perdu : il trouvera au sein de la société qui l'adopta l'amitié de quelques uns, l'affection de plusieurs, les secours de tous.

Est-ce au contraire un père de famille qui a été enlevé à la tendresse de son épouse, aux besoins de ses enfants, aux soins de sa réputation ou de sa gloire, sa veuve trouve des patrons ; ses enfants, des tuteurs ; sa mémoire des défenseurs.

Et pour atteindre ce noble but, le pouvoir n'est pas nécessaire ; la bonté est

aussi une puissance. On n'a pas besoin de
recourir à l'homme en crédit, l'homme
de cœur suffit pour parler avec succès à
la pitié au nom du malheur, à la bienfai-
sance au nom du besoin, à la justice au
nom de la société.

Ces consolantes pensées ne sont pas,
Monsieur, un rêve offert par l'espérance
à la sensibilité déçue; c'est presque le ta-
bleau fidèle d'une heureuse réalité, re-
tracé pour l'honneur des lettres, et l'apo-
logie des institutions sociales.

Si une famille paternelle manque au
fils de Legouvé, il en a trouvé une parmi
ceux qui furent les amis, les émules de
son père. Le chef de l'instruction publi-
que, se dérobant aux devoirs d'une vigi-
lance générale, s'est associé à la tutèle de
son jeune âge: du haut de la chaire où
siégeoit Rollin, il veille avec sollicitude
sur ce foible rejeton d'une tige trop tôt
brisée, et pas un de nous ne se désinté-
resse de la pieuse solidarité qui nous ap-

pelle à protéger son enfance, à guider sa
jeunesse, pour qu'il devienne digne à-la-
fois et du père dont il pleure la perte, et
de l'adoption qui la répare, si la perte
d'un père pouvoit se réparer.

FIN DU DISCOURS.

A MA FEMME.

Si j'ai peint d'un crayon fidèle
Les femmes, ce présent qu'à l'homme ont fait les cieux,
 Vous m'avez servi de modèle;
 Vous étiez toujours sous mes yeux.
Je voyois leurs talents, quand votre main habile,
 Sous les plus brillantes couleurs,
 Reproduisoit l'émail des fleurs,
Ou couroit mollement sur un clavier mobile;
J'entendois leur esprit dans ces doux entretiens
Où par des traits piquants vous inspiriez les miens;
Mais je traçois sur-tout leur cœur d'après le vôtre.
Ces dons unis chez l'une et séparés chez l'autre,
Pour mieux me captiver, vous les rassemblez tous.

Heureux d'apprécier ce noble caractère,

Qui sans cesse vous rend plus aimable et plus chère.

Je regrette les temps que je passai sans vous.

    Je gémis que de ses années

L'homme jamais, hélas! ne remonte le cours;

    Oui, je voudrois à tous vos jours

    Avoir joint toutes mes journées.

Autrefois de l'Éden, de ce lieu de bonheur,

    Sur la scène j'offris l'image :

Il étoit dans mes vers quand je fis cet ouvrage;

Depuis que je vous aime il est tout dans mon cœur.

AVANT-PROPOS.

Les femmes, chez tous les peuples, reçurent des hommages de la poésie et de l'éloquence. En Grèce, Plutarque composa la vie des femmes illustres, où il cite une foule de traits qui les honorent; En France, plusieurs écrivains les présentent, dans leurs ouvrages, sous des couleurs avantageuses [1]. Mais c'est en Italie qu'elles ont été jugées avec le plus d'enthousiasme. Un grand nombre de poëtes et de prosateurs ont exalté leurs attraits et leurs vertus [2]. Quelques uns même leur

[1] Diderot, Thomas, Bernardin-de-Saint-Pierre, Grétry, Ségur le jeune, etc.

[2] Les plus remarquables sont Greg. Porzio, Crist. Bronzini, Lod. Domenichi, Ortensio Landi, Vinc. Maggi, Gir. Ruscelli.

ont donné la prééminence sur les hom-
mes [1]. Quoique je me plaise à soutenir la
cause des femmes, je ne leur accorde point
une supériorité que la nature semble leur
avoir refusée ; je ne veux que leur conser-
ver le rang qu'elles doivent occuper dans
la société, en démontrant qu'elles en sont
le charme, comme nous en sommes l'ap-
pui.

Les satires de Juvénal et de Boileau
contre les femmes sont admirables sous le
rapport de la poésie ; sous celui de la vérité
ont-elles le même prix ? Je ne le crois pas.
J'ai tâché, en adoptant une opinion oppo-
sée à la leur, de l'emporter par l'impartia-
lité, trop certain de rester inférieur par
le talent. Juvénal et Boileau n'ont attaqué

---

[1] Entre autres, C. Agrippa. Il fit en 1509 un
traité : *De l'excellence de la femme au-dessus de
l'homme.*

les femmes qu'en traçant leurs défauts ou leurs vices particuliers; j'ai cru pouvoir les défendre en peignant leurs qualités générales. Je les présente comme belles, comme mères, comme amantes ou épouses, comme amies, comme consolatrices : n'ont-elles pas, presque toutes, ces avantages? Et n'ai-je pas été plus juste que les deux poëtes qui les ont dépréciées, si j'ai dispensé aux femmes l'éloge que mérite le plus grand nombre, lorsqu'ils leur ont prodigué le blâme qui n'appartient qu'à quelques unes; si j'ai enfin raisonné d'après des généralités, tandis qu'ils n'ont raisonné que d'après des exceptions?

Quelle que soit envers elles l'aigreur de Juvénal, son siécle lui donne une apparence d'équité. Né sous le régne de Caligula, vivant sous plusieurs des douze empereurs, de ces monstres dont l'histoire est celle de l'humanité dans sa plus honteuse dégradation, il vit des Dames romaines, aussi dégénérées que leurs époux, qui trembloient aux pieds des maîtres les plus vils, se faire inscrire sans pudeur sur le registre des courtisanes, et quitter publiquement un hymen consulaire pour les embrassements d'un histrion ou d'un gladiateur. On conçoit qu'une ame généreuse ait été offensée du spectacle de tels excès : Juvénal le fut jusqu'à l'indignation. Sans doute on peut lui reprocher de l'exagéra tion dans les pensées, de l'enflure dans le style ; mais si sa véhémence est quelquefois outrée, elle est toujours éloquente, toujours vertueuse. Il paroît par-tout pénétré du desir de faire triompher les mœurs. Il a pu penser que, pour atteindre ce but, il falloit montrer les vices des femmes dans une sorte de nudité, il falloit les épouvanter elles-mêmes de l'image de leurs désordres ; et leur plus zélé partisan doit lui pardonner son animosité, en faveur de ses intentions et de son génie.

Boileau, supérieur à Juvénal, n'a pas comme lui l'excuse de son siècle à donner. En effet, qui pouvoit de son temps l'animer contre les femmes ? Étoit-ce leur société ? On sait que sous le régne de Louis XIV, où la nation prit un élan extraordinaire, l'amabilité des femmes fut portée aussi loin que le talent des hommes ; et que les deux sexes, en développant, l'un tous les moyens de plaire, l'autre toutes les ressources du génie, concoururent également à faire de ce beau siécle une des époques les plus brillantes de nos annales. Étoient-ce leurs mœurs ? Sans doute elles ne furent pas toujours irréprochables : mais l'exem-

ple du Souverain, qui mettoit de la di-
gnité jusque dans ses amours, le ton de sa
cour, noble et réservé quoique volup-
tueux, celui de la bonne compagnie, qui
se faisoit un devoir de l'imiter, le frein
d'un culte ennemi des passions, les prin-
cipes d'une éducation soignée, tout invi-
toit les femmes à couvrir leurs fautes de
cette décence qui est presque la vertu :
c'étoient des foiblesses, mais sans empor-
tement; c'étoient des erreurs, mais sans
scandale; et le sage ne pouvoit en être
blessé, puisqu'il n'y voyoit que l'empire
d'un sentiment avoué par la nature, et
qui, dans son abandon même, lorsque
les droits de la pudeur y sont ménagés,
donne un nouveau prix à la sensibilité,
et ajoute encore aux graces.

Deux autres grands poëtes modernes,
Milton et Pope, ont, comme Boileau, dé-

primé les femmes en beaux vers, dont le motif n'est pas plus facile à expliquer. Comment en effet Milton a-t-il pu les présenter sous des traits odieux, après s'être plu à peindre Ève sous des couleurs si séduisantes? Comment Pope, qui a soutenu dans son profond Essai sur l'homme, que *tout est bien*, n'a-t-il pas craint de paroître s'élever contre son propre système, en décriant un sexe qui n'est pas assurément l'ouvrage le moins intéressant du Créateur? Une telle contradiction dans les écrits de tous ces détracteurs des femmes ne donne-t-elle pas le droit de se défier de leur arrêt, et de croire que, dans leurs diatribes poétiques, ils n'ont cherché qu'à faire briller leur talent, soit en rivalisant avec le satirique ancien, soit en avançant un paradoxe, toujours plus piquant à soutenir qu'une vérité?

Plusieurs prosateurs célèbres ont aussi laissé échapper sur les femmes des réflexions malignes; mais aucun n'a fait contre elles un ouvrage. Tous même, à l'exception de Montaigne, ont vanté plus souvent la finesse de leur esprit, la bonté de leur cœur, la constance et la magnanimité de leur amour pour leurs enfants; et, d'après cette espèce de réparation, l'on ne doit voir dans leurs critiques qu'un caractère d'impartialité qui donne plus de poids à leurs éloges.

Lorsque j'ai composé ce poëme, je n'ai pas seulement eu dessein de rendre justice aux femmes; j'ai encore voulu, en retraçant leurs avantages, ramener dans leur société un peuple valeureux que les secousses de la révolution ont accoutumé à s'en éloigner, et, par ce moyen, le rappeler à sa première urbanité, qu'il a presque perdue dans la lutte des partis. Avouons-le, les Français avoient les graces d'Athènes, ils ont pris un peu de la rudesse de Sparte; et l'exemple de ceux de nos parvenus dont l'esprit a été foiblement cultivé, l'influence de cette génération nouvelle dont la guerre a interrompu ou altéré l'éducation, peuvent augmenter de jour en jour ce changement dans la physionomie nationale. Quel obstacle opposer à ses progrès? le commerce aimable des femmes. Elles polissent les manières; elles donnent le sentiment des bienséances, elles sont les vrais précepteurs du bon ton et du bon goût; elles sauront nous rendre les graces, l'affabilité, qui étoient un de nos traits distinctifs, et recréer, pour ainsi dire, cette nation que tant de troubles, de forfaits et de malheurs, ont jetée hors de son caractère. Si les chefs de la Terreur les avoient mieux appréciées, ils auroient versé moins de sang : l'homme qui les chérit est rarement un barbare.

Devéria del.   Bonvoisin sculp.

S'éveille-t-il; ... soin à l'instant présenté,
Dans les flots d'un lait pur lui verse la santé.

LE MÉRITE

DES FEMMES.

POËME.

Le bouillant Juvénal, aveugle en sa colère,
Despréaux, moins fougueux, et non pas moins sévère,
Contre un sexe paré de vertus et d'attraits
Du carquois satirique ont épuisé les traits :
De ces grands écrivains je marche loin encore;
Mais j'ose, défenseur d'un sexe que j'honore,
Opposant son empire à leur inimitié,
Célébrer des humains la plus belle moitié.

Lorsqu'un Dieu, du chaos où dormoient tous les mondes,
Eut appelé les cieux, et la terre, et les ondes;
Eut élevé les monts, étendu les guérets,
De leurs panaches verts ombragé les forêts,
Et dans l'homme, enfanté par un plus grand miracle,
Eut fait le spectateur de ce nouveau spectacle,
Pour son dernier ouvrage il créa la Beauté :
On sent qu'à ce chef-d'œuvre il doit s'être arrété :
Eh! qu'auroit fait de mieux sa suprême puissance?
Ce front pur et céleste où rougit l'innocence,

Cette bouche, cet œil, qui séduisent les cœurs,
L'une par un sourire, et l'autre par des pleurs ;
Ces cheveux se jouant en boucles ondoyantes,
Ce sein voluptueux, ces formes attrayantes,
Ce tissu transparent, dont un sang vif et pur
Court nuancer l'albâtre en longs filets d'azur ;
Tout commande l'amour, même l'idolâtrie.
Aussi, ne lui donnant que le ciel pour patrie,
Des peuples généreux virent dans la beauté
Un emblème vivant de la Divinité.
Dans les sons de sa voix ou propice ou funeste
Les Celtes entendoient la volonté céleste :
Et, prêtant à la femme un pouvoir plus qu'humain,
Consacroient les objets qu'avoit touchés sa main.
Un fanatisme aimable à leur ame enivrée
Disoit : « La femme est dieu, puisqu'elle est adorée. »
Ce culte dure encore ; on voit encor les cieux
S'ouvrir, se déployer, se voiler dans ses yeux.
Même au sein du sérail, qui la tient enfermée
Comme un vase recèle une essence embaumée,
Esclave souveraine, elle fait chaque jour
Porter à son tyran les chaînes de l'amour ;
Et sur nos bords, où, libre, elle peut sans alarmes
Décorer tous les lieux de l'éclat de ses charmes,
Soit que dans nos jardins, dans nos bois fréquentés,
Se promène au matin un essaim de beautés,

Soit que dans nos palais, quand la nuit recommence,
De belles à nos yeux s'étale un cercle immense,
Tous les cœurs attentifs ressentent leur pouvoir :
Même sans les.entendre on jouit de les voir ;
On goûte la douceur d'un trouble involontaire.
Mais ce sexe n'a-t-il qu'un seul moyen de plaire ?
Amour du monde, il joint à des dehors brillants
Un charme encor plus sûr, le charme des talents.

Aux sons harmonieux d'une harpe docile
Chloris a marié sa voix pure et facile :
L'œil tantôt sur Chloris, tantôt sur l'instrument,
On savoure à longs traits ce double enchantement.
Ses accords ont cessé, son maître la remplace.
Il a plus de science : a-t-il autant de grace ?
Il enfante des sons plus pressés, plus hardis ;
Mais offre-t-il ces bras par l'Amour arrondis,
Qui, s'étendant autour de la harpe savante,
L'enlacent mollement de leur chaîne vivante ?
Offre-t-il la rougeur, le touchant embarras,
Qui d'un front virginal relèvent les appas ?
Plaît-il enfin à l'œil comme il séduit l'oreille ?
Un bal suit le concert ; c'est une autre merveille.
Là, Lucinde, Églé, Laure, en leur premier printemps,
Couvertes d'or, de fleurs, de tissus éclatants,
De leur taille légère agitant l'élégance,

Semblent le lis pompeux que le zéphyr balance ;
Et de leurs pas brillants le danseur même épris
Sent que Momus pour plaire a besoin de Cypris.
Que seroient sans Cypris les fêtes du théâtre ?
Sans doute la beauté qu'Orosmane idolâtre,
Soupirant son amour, ses combats, ses malheurs,
Par le seul art des vers eût fait couler nos pleurs ;
Mais de ce rôle heureux quels que soient tous les charmes,
L'organe de Gaussin lui conquit plus de larmes.
Oui, Beaux-Arts, oui, la femme, employant vos secrets,
Même sans être vue, ajoute à vos attraits.
Des fleurs par Vallayer sur la toile jetées
On est prêt à cueillir les tiges imitées ;
On croit voir respirer les portraits précieux
Où Le Brun immortelle attache tous les yeux.
Des Graces dans leur touche on sent la main aimable.
Les Graces ont dans tout ce charme inexprimable.
Lisons Riccoboni, Lafayette, Téncin :
De leurs romans l'Amour a tracé le dessin ;
Et dans Cécilia, Sénange, et Théodore,
Dans ces tableaux récents l'Amour est peintre encore.
Pour la femme, il est vrai, redoutant un travers,
Un poëte voulut lui défendre les vers.
Sans doute il ne faut pas qu'en un mâle délire
Elle fasse parler la trompette ou la lyre ;
Mais elle a su prouver que sous ses doigts légers

Soupire sans effort la flûte des bergers.
Est-ce un jeu de l'esprit qu'elle doit s'interdire?
Peut-être on aime mieux, quand on sait bien le dire.
Laissons-la donc sans crainte exercer à son tour
Un art qui peut tourner au profit de l'amour.

Graves censeurs du sexe, à vos regards sévères
Tous ces dons enchanteurs ne sont qu'imaginaires.
Ah! si par ses talents il ne vous peut charmer,
Ses services du moins sauront vous désarmer.
Comment les méconnoître? Avec notre existence
De la femme pour nous le dévouement commence.
C'est elle qui, neuf mois, dans ses flancs douloureux
Porte un fruit de l'hymen trop souvent malheureux,
Et, sur un lit cruel long-temps évanouie,
Mourante, le dépose aux portes de la vie.
C'est elle qui, vouée à cet être nouveau,
Lui prodigue les soins qu'attend l'homme au berceau.
Quels tendres soins! Dort-il; attentive, elle chasse
L'insecte dont le vol ou le bruit le menace :
Elle semble défendre au réveil d'approcher.
La nuit même d'un fils ne peut la détacher;
Son oreille de l'ombre écoute le silence;
Ou, si Morphée endort sa tendre vigilance,
Au moindre bruit rouvrant ses yeux appesantis,
Elle vole, inquiète, au berceau de son fils,

2.

Dans le sommeil long-temps le contemple immobile,
Et rentre dans sa couche, à peine encor tranquille.
S'éveille-t-il; son sein, à l'instant présenté,
Dans les flots d'un lait pur lui verse la santé.
Qu'importe la fatigue à sa tendresse extrême?
Elle vit dans son fils, et non plus dans soi-même;
Et se montre, aux regards d'un époux éperdu,
Belle de son enfant à son sein suspendu.
Oui, ce fruit de l'hymen, ce trésor d'une mère,
Même à ses propres yeux, est sa beauté première.
Voyez la jeune Isaure, éclatante d'attraits:
Sur un enfant chéri, l'image de ses traits,
Fond soudain ce fléau qui, prolongeant sa rage,
Grave au front des humains un éternel outrage.
D'un mal contagieux tout fuit épouvanté;
Isaure sans effroi brave un air infecté.
Près de ce fils mourant elle veille assidue.
Mais le poison s'étend et menace sa vue:
Il faut, pour écarter un péril trop certain,
Qu'une bouche fidèle aspire le venin.
Une mère ose tout! Isaure est déja prête:
Ses charmes, son époux, ses jours, rien ne l'arrête;
D'une lèvre obstinée elle presse ces yeux
Que ferme un voile impur à la clarté des cieux.
Et d'un fils, par degrés, dégageant la paupière,
Une seconde fois lui donne la lumière.

Un père a-t-il pour nous de si généreux soins?

Bientôt d'autres bontés suivent d'autres besoins.
L'enfant, de jour en jour, avance dans la vie :
Et, comme les aiglons, qui, cédant à l'envie
De mesurer les cieux, dans leur premier essor,
Exercent près du nid leur aile foible encor,
Doucement soutenu sur ses mains chancelantes,
Il commence l'essai de ses forces naissantes.
Sa mère est près de lui : c'est elle dont le bras
Dans leur débile effort aide ses premiers pas;
Elle suit la lenteur de sa marche timide; .
Elle fut sa nourrice, elle devient son guide.
Elle devient son maître, au moment où sa voix
Bégaie à peine un nom qu'il entendit cent fois :
MA MÈRE est le premier qu'elle l'enseigne à dire.
Elle est son maître encor dès qu'il s'essaie à lire;
Elle épelle avec lui dans un court entretien,
Et redevient enfant pour instruire le sien.
D'autres guident bientôt sa foible intelligence,
Leur dureté punit sa moindre négligence;
Quelle est l'ame où son cœur épanche ses tourments?
Quel appui cherche-t-il contre les châtiments?
Sa mère! elle lui prête une sûre défense,
Calme ses maux légers, grands chagrins de l'enfance;
Et sensible à ses pleurs, prompte à les essuyer,

Lui donne les hochets qui les font oublier.
Le rire dans l'enfance est toujours près des larmes.

Tu fuis, saison paisible, âge rempli de charmes,
Pour faire place au temps où l'homme chaque jour
Sort du sommeil des sens, et s'éveille à l'amour.
Déja son front se peint d'une rougeur timide;
Dans son regard plus vif brille une flamme humide;
Son cœur s'enfle et gémit; de ses soupirs troublé,
Tout son sein se soulève et retombe accablé;
Dans ses veines en feu son sang se précipite;
Son sommeil le fatigue, et son réveil l'agite;
Il s'élance inquiet, avide, impétueux;
Il promène au hasard ses vœux tumultueux;
Il poursuit, il appelle un bonheur qu'il ignore:
De qui l'obtiendra-t-il? c'est d'une femme encore!
Une femme, en secret lui rendant ses soupirs,
Rêveuse, s'abandonne à ses vagues desirs.
O première faveur d'une première amante!
Dès que, sur l'incarnat d'une bouche charmante,
Il a bu des baisers le nectar inconnu,
Dès qu'un nouveau succès, par degrés obtenu,
L'a conduit, dans les bras de sa belle maîtresse,
De surprise en surprise au comble de l'ivresse,
Il se croit transporté dans un autre univers
Où la terre s'éclipse, où les cieux sont ouverts:

Il ne se connoît plus, il palpite, il soupire;
Il se sent étonné du charme qu'il respire;
L'ivresse de ses sens a passé dans son cœur,
Il nage dans un air tout chargé de bonheur.
Sa maîtresse! oh! combien son regard la dévore!
Il la voit comme un dieu que sans cesse il adore:
Son cœur brûloit hier, son cœur brûle aujourd'hui;
Il ne sait s'il existe ou dans elle ou dans lui.
Paroissent-ils ensemble au milieu d'une fête;
Son œil préoccupé ne suit que sa conquête.
Vient-il chercher, sans elle, au lever d'un beau jour,
Le doux exil des champs, lieu plus cher à l'amour;
Chaque objet la lui rend : l'éclat des dons de Flore,
C'est l'éclat de ce teint que la pudeur colore;
L'azur du firmament par l'aurore éclairé,
C'est l'azur des beaux yeux dont il est enivré;
Le rayon du matin, c'est la douce lumière
Qui luit si tendrement sous leur longue paupière;
Le murmure flatteur des limpides ruisseaux,
Le souffle des zéphyrs, le concert des oiseaux,
C'est le son de la voix qui répond à son ame :
Tout l'univers enfin l'entretient de sa flamme.
Pour lui plus de langueurs, plus de maux, plus d'ennuis;
L'amour remplit, enchante et ses jours et ses nuits;
Il n'a qu'un seul objet qui l'occupe et l'embrase;
Et son heureuse vie est une longue extase.

Un tel sort n'appartient qu'aux cœurs vraiment épris.
L'homme, hélas! trop souvent en méconnoît le prix;
Il cède à l'inconstance; et semblable à l'abeille
Qui, cherchant des jardins l'odorante corbeille,
Dans son vol passager, des plus brillantes fleurs
Pompe légèrement le suc et les couleurs,
Il court de belle en belle, et ses ardeurs errantes
Lui livrent tour-à-tour vingt graces différentes.
Mais ce bonheur changeant, vaine félicité,
Peut séduire ses sens, plaire à sa vanité;
Son ame bientôt lasse en connoît tout le vide;
Il demande à l'hymen un lien plus solide :
Il choisit une épouse, et redevient heureux!
Ce temple orné pour lui de festons et de feux,
Ces amis unissant leur présence et leur joie
À la solennité que ce jour lui déploie,
Cette vierge qui vient en face des autels
Se soumettre à ses lois par des nœuds immortels,
Et belle de candeur, de grace et de jeunesse,
Lui donne de l'aimer la publique promesse;
Cette religion dont le pouvoir pieux
Grave de son bonheur le serment dans les cieux,
Ces parents attendris dont la main révérée
Lui remet de son nom leur fille décorée,
Et cette nuit heureuse où, dans sa chaste ardeur,
D'une épouse ingénue étonnant la pudeur,

Il entend s'échapper d'un modeste silence,
Ce premier cri d'amour surpris à l'innocence,
Tout renouvelle ensemble et son ame et ses sens.
De jour en jour livrée à ses feux renaissants,
Si des transports fougueux que le bel âge inspire
Elle ne lui fait pas retrouver tout l'empire,
Elle donne sans cesse à son cœur satisfait
Un penchant plus durable, un bonheur plus parfait;
Elle fixe chez lui la douce confiance,
La tendresse et la paix, vrais biens de l'existence,
Tempère ses chagrins, ajoute à ses plaisirs,
Soulage ses travaux, et remplit ses loisirs.
Oui, des plus durs emplois où l'homme se prodigue
Elle sait à ses yeux adoucir la fatigue :
Artisan, souffre-t-il par le travail lassé;
Il revoit sa compagne, et sa peine a cessé.
Ministre, languit-il dans son pouvoir suprême;
Au sein de son épouse il vient se fuir lui-même.
Il y vient oublier l'ennui, le noir soupçon,
Qui mêlent aux grandeurs leur dévorant poison,
Et, distrait de l'orgueil par l'amour qui l'appelle,
Du poids de ses honneurs il respire auprès d'elle.
Elle est dans tous les temps son soutien le plus doux.

Un fils lui doit le jour! O trop heureux époux!
Quel trésor pour ton ame! Avec quel charme extrême

Tu te sens caresser par un autre toi-même !
Tu presses sur ton cœur ce gage précieux,
Tu recherches tes traits dans ses traits gracieux !
Tu compares sur-tout et l'enfant et la mère ;
S'il t'offre son portrait, il te la rend plus chère.
Comme ton œil ému, dès qu'il sort de tes bras,
De tous ses mouvements suit l'aimable embarras,
Et voit avec ivresse en ta maison bruyante
Jouer, courir, grandir ton image vivante !
Comme dans ses penchants qu'il t'offre sans détour
Tu démêles déja ce qu'il doit être un jour,
Et te plais, de son âge oubliant la foiblesse,
À pressentir dans lui l'honneur de ta vieillesse !
Et si l'hymen, donnant une sœur à ton fils,
De ton cœur paternel double les droits chéris,
Dans quel enchantement tu vois près de sa mère
Cette enfant rechercher d'autres jeux que son frère,
Chaque jour se former par tes soins vigilants,
Croître en esprit, en mœurs, en attraits, en talents,
Et d'un vertueux sexe, en ses regards pudiques,
Promettre la sagesse et la grace angéliques !
Tu dois à ton épouse un destin si flatteur.

Il est, comme ces nœuds, un lien enchanteur,
C'est la pure amitié. Tendre sans jalousie,

Des hommes qu'elle enchaîne elle charme la vie;
Mais auprès d'une femme elle a plus de douceur :
C'est alors que d'Amour elle est vraiment la sœur.
C'est alors qu'on obtient ces soins, ces préférences,
Ces égards délicats, ces tendres complaisances,
Que les hommes entre eux n'ont jamais qu'à demi;
On a moins qu'une amante, on a plus qu'un ami.
Est-il quelques projets que votre esprit enfante;
Vous aimez qu'une femme en soit la confidente.
Elle pèse avec vous, dans un commerce heureux,
Ce qu'ils ont de certain, ce qu'ils ont de douteux.
Êtes-vous tourmenté d'une peine profonde;
C'est un charme à vos maux qu'une femme y réponde.
Elle prend mieux le ton qui calme les douleurs;
Son œil aux pleurs d'autrui sait mieux rendre des pleurs
Et son cœur, que jamais l'égoïsme n'isole,
Dit mieux au malheureux le mot qui le console.
Bon La Fontaine, ô toi qui chantas l'amitié,
Avec La Sablière ainsi tu fus lié!
Prolongeant, sans amour, des entretiens aimables,
Elle écoutoit ton cœur, tes chagrins, et tes fables;
Au fond de ta pensée alloit chercher tes vœux;
Sauvoit tout soin pénible à tes goûts paresseux,
Et, chassant de tes jours les plus légers nuages,
Te donnoit un bonheur pur comme tes ouvrages.

Tels sont d'un sexe aimé les différents bienfaits.

Mais s'il mène aux plaisirs, il invite au succès.
Notre gloire est souvent l'ouvrage d'un sourire.
Quel homme, pour charmer la beauté qui l'inspire,
Se livrant aux travaux qu'un regard doit payer,
S'il posséde un talent, ne souhaite un laurier?
Ce desir est sur-tout l'aiguillon du poëte.
Sitôt que l'amour parle à son ame inquiète,
Dévorant nuit et jour les écrivains fameux,
Il ne respire plus qu'il ne soit grand comme eux.
Dans ce cirque imposant où règne Melpoméne,
Il soumet un ouvrage aux juges qu'elle amène :
Quelle chaleur, quel choc de sentiments divers!
Le feu qui le consume a passé dans ses vers.
Dans les scènes, sur-tout, où l'action pressante
Peint les feux d'un amant, les douleurs d'une amante,
Chaque vers est empreint de ce style enflammé
Que cherchent vainement ceux qui n'ont point aimé.
Du trouble le plus doux il fait goûter les charmes;
On l'applaudit du cœur, de la voix et des larmes :
Il triomphe, et s'écrie en son transport brûlant :
O femmes! c'est à vous que je dois mon talent.
Ce jeune homme rampoit dans un repos vulgaire;
D'où vient que maintenant il appelle la guerre?
C'est qu'aux yeux de l'objet dont son cœur est épris,

Si Mars le rend fameux, il aura plus de prix.
Par les femmes toujours la valeur fut chérie.
Vous le prouvez, ô temps de la chevalerie!
Dans cet âge célèbre où régnoit la Beauté,
Quand partoit des combats le signal redouté,
La maîtresse d'un Preux, excitant sa vaillance,
Lui donnoit fièrement et son casque et sa lance,
Attachoit son armure, où, d'un travail heureux,
Elle avoit enlacé leurs chiffres amoureux.
Souvent il recevoit d'une amante intrépide
Un voile pour écharpe, un portrait pour égide.
Fier de ces ornements, par une femme armé,
Il combattoit, de gloire encor plus affamé;
Vingt drapeaux étoient pris, vingt cohortes domptées:
On eût dit qu'il portoit des armes enchàntées!
Triomphant, au retour quel étoit son bonheur!
L'avouant pour amant, d'accord avec l'honneur,
Dans la solennité d'une superbe fête,
Elle seule plaçoit le laurier sur sa tête;
Et ce prix, dans son cœur tendre et fier tour-à-tour,
L'un par l'autre augmentoit la vaillance et l'amour.
Ah! dans nos jours guerriers, pourquoi ce noble usage,
Qui sut de nos aïeux enflammer le courage,
N'a-t-il pas, s'alliant à notre essor nouveau,
De notre république embelli le berceau?
Sans ce doux aiguillon nous fûmes indomptables:

Mais serions-nous moins grands si nous restions aimables ?
Dignes de notre nom, soyons toujours Français.
Je veux voir, dans l'éclat de nos divers succès,
Des vierges, ornements de nos fêtes publiques,
Présenter aux guerriers les palmes héroïques.
C'est ainsi que les Grecs, modèles des humains,
Couronnoient un vainqueur par les plus belles mains ;
Et, donnant cet attrait aux faveurs de la gloire,
De plus nombreux exploits remplissoient leur histoire.
Rappelons ces honneurs tels qu'ils les ont connus :
Il faut que Mars toujours soit l'amant de Vénus,
Et que, par leur accord, notre vaillante audace
Offre un brillant mélange et de force et de grace.
Qui mieux que la Beauté peut armer la valeur ?
Elle-même de Mars sent la noble chaleur.
N'a-t-on pas vu jadis une femme grand homme
S'opposer dans Palmyre aux ravages de Rome ?
Une autre, vers l'Euphrate enchaîné sous sa loi,
Combattre en conquérant et gouverner en roi ?
Que dis-je ? Le laurier n'appartient-il qu'aux reines ?
Non ; mille autres encor, sans être souveraines,
Osèrent dans un camp, généraux ou soldats,
Presser d'un dur airain leurs membres délicats ;
Couvrir d'un casque affreux une tête charmante,
De leurs débiles mains prendre une arme pesante ;
Et cherchant les périls, exposèrent aux coups

Ces attraits destinés à des combats plus doux ;
Noble effort, où, comptant sur une double gloire,
Leur bras, comme leurs yeux, leur donnoit la victoire.
Fière Télesilla, j'atteste tes exploits.
J'atteste ta valeur qui défendit nos lois,
Jeanne d'Arc : Orléans trembloit pour ses murailles ;
Tout-à-coup, du hameau t'élançant aux batailles,
Tu parois ; le soldat, à son honneur rendu,
Croit voir l'ange de Dieu dans ses rangs descendu.
Tu combats : l'Anglais perd sa superbe assurance :
Du joug de l'étranger tu délivres la France ;
Tu rends libre Orléans ; et dans Reims étonné
Tu ramènes ton roi, qui fuyoit détrôné.

Sexe heureux ! son destin est de vaincre sans cesse.
Mais peut-être le fer sied mal à sa foiblesse ;
Ses pleurs, arme plus douce, ont autant de pouvoir.
Aman proscrit les Juifs, Esther est leur espoir ;
Aux pieds d'Assuérus, de ses larmes ornée,
Esther demande grace, et leur grace est donnée.
Le fier Coriolan, aux Volsques réuni,
Revient exterminer Rome qui l'a banni :
Tribuns, consuls, vieillards, pontifes et vestales,
Tout presse ses genoux sous ses tentes fatales ;
Inclinés avec eux devant son front altier,
Ses dieux mêmes, ses dieux semblent le supplier ;

Mais il n'écoute rien qu'une aveugle colère,
Il est prêt à frapper... Il n'a pas vu sa mère!
Elle entre : Rome en vain la séparoit d'un fils ;
Immolant cette injure au bien de son pays,
Elle implore un vainqueur qui cède à sa prière :
Les pleurs de Véturie ont sauvé Rome entière.
Les pleurs ont mille fois désarmé les héros.
Vainement Édouard au glaive des bourreaux
Veut de Calais dompté livrer les six victimes :
Son épouse défend ces Français magnanimes ;
Et, d'un prince terrible arrêtant la fureur,
Rend la vie aux vaincus et la gloire au vainqueur.
Quel bonheur pour les rois et la terre soumise
Qu'une femme sensible au trône soit assise !
L'opprimé trouve en elle un généreux secours.
Souvent même, échappée à la pompe des cours,
Du chaume ou des prisons cherchant l'ombre importune,
Elle vient recueillir les cris de l'infortune,
Les porte au souverain ; et ces tristes accents
Réveillent de son cœur les soins compatissants.
Elle obtient du pouvoir, qu'elle rend plus affable,
Un poste à l'indigent, un pardon au coupable ;
Elle le fait chérir par ses bienfaits nombreux ;
Et le monarque est grand quand le peuple est heureux
Quel éclat doit ce sexe à sa vertu suprême !
Mais ne la montre-t-il que sous le diadème ?

A l'exercer par-tout son cœur est empressé,
Ouvre-toi, triste enceinte où le soldat blessé,
Le malade indigent, et qui n'a point d'asile,
Reçoivent un secours trop souvent inutile.
Là, des femmes, portant le nom chéri de sœurs,
D'un zèle affectueux prodiguent les douceurs.
Plus d'une apprit long-temps dans un saint monastère,
En invoquant le ciel, à protéger la terre;
Et, vers l'infortuné s'élançant des autels,
Fut l'épouse d'un Dieu pour servir les mortels.
O courage touchant! ces tendres bienfaitrices,
Dans un séjour infect, où sont tous les supplices,
De mille êtres souffrants prévenant les besoins,
Surmontent les dégoûts des plus pénibles soins;
Du chanvre salutaire entourent leurs blessures,
Et réparent ce lit témoin de leurs tortures.,
Ce déplorable lit, dont l'avare pitié
Ne prête à la douleur qu'une étroite moitié.
De l'humanité même elles semblent l'image;
Et les infortunés que leur bonté soulage
Sentent avec bonheur, peut-être avec amour,
Qu'une femme est l'ami qui les ramène au jour.

O femmes! c'est à tort qu'on vous nomme timides:
A la voix de vos cœurs vous êtes intrépides.
Pourquoi de vils bourreaux, dans l'empire thébain,

Dévouant Antigone aux horreurs de la faim,
•La plongent-ils vivante en une grotte obscure?
C'est qu'à son frère mort donnant la sépulture
Sa main religieuse à la tombe a remis
Ces restes, qu'aux vautours la haine avoit promis.
Elle savoit la loi qui la mène au supplice;
Mais elle n'a rien vu que son cher Polynice,
Qui, privé du tombeau, réclamoit son appui,
Et pour l'ensevelir elle meurt avec lui.
Qu'a fait cette Éponine à l'échafaud conduite?
Dans un obscur réduit, où, dérobant sa fuite,
Sabinus d'un vainqueur trompa dix ans les coups,
Elle vint partager les périls d'un époux :
De l'amour conjugal ô mémorable exemple!
Par elle un souterrain du bonheur fut le temple.
Aux yeux de Sabinus elle sut chaque jour
Embellir par ses soins le plus affreux séjour;
Des plus sombres échos-lui charma la tristesse
En les adoucissant des sons de la tendresse;
Et du roc, qui la nuit les recevoit tous deux,
Fit la couche riante où l'hymen est heureux.
Blanche est plus grande encor : dans Bassane assiégée
Son époux étoit mort; et, près d'elle érigée,
Chaque jour une tombe a reçu sa douleur.
Bassane cependant cède au fer du vainqueur.
Parmi les flots de sang que verse sa vengeance,

Jusqu'au palais de Blanche Acciolin s'avance ;
Il la voit, il l'adore, il tombe à ses genoux ;
Et vainqueur, il réclame un triomphe plus doux.
Elle veut résister : il frémit, il menace ;
Au respect de l'amour a succédé l'audace.
Blanche, près de subir l'horreur de ses transports :
« N'insulte pas, dit-elle, à la cendre des morts.
« Ici repose, hélas ! un époux que je pleure :
« Laisse-moi sans témoin l'embrasser ! Dans une heure
« De mon triste destin tu pourras disposer. »
Le vainqueur attendri n'ose la refuser.
Lui-même de la tombe il fait lever la pierre :
Il sort, ivre d'espoir. L'auguste prisonnière
S'élance, sans pâlir, près de ce corps glacé ;
Et, d'un sein amoureux l'ayant encor pressé,
Elle attire sur soi, de ses mains assurées,
La pierre qui couvroit des dépouilles sacrées ;
Et, s'écrasant du poids sur sa tête abattu,
Du tombeau d'un époux protège sa vertu.
Que ne peut le devoir sur ces ames fidèles !

Eh ! pourquoi loin de nous en chercher les modèles ?
Naguère, en nos climats, lorsque de tout côté
Pesoit des Décemvirs le sceptre ensanglanté,
N'ont-elles pas prouvé par mille traits sublimes
Combien leurs sentiments les rendent magnanimes ?

La Peur régnoit par-tout : plus de cœurs, plus d'ami ;
Le Français du Français paroissoit l'ennemi ;
Chacun savoit mourir, nul ne savoit défendre.
Elles seules, d'un zèle ingénieux et tendre,
Pour détourner la mort qui nous menaçoit tous,
Osèrent des tyrans aborder le courroux.
Celle-ci, dès l'aurore au repos arrachée,
Attendoit leur présence, à leur porte attachée :
Celle-là, d'un geôlier insensible à ses pleurs
Désarmant par son or les avares fureurs,
Dans un sombre cachot, d'un époux ou d'un père
Accouroit chaque jour consoler la misère.
L'une d'un objet cher qui marchoit à la mort
Demandoit avec joie à partager le sort :
L'autre cédoit aux feux d'un juge sanguinaire,
Pour les jours d'un époux vertueuse adultère :
Toutes enfin, l'appui des Français malheureux,
Parloient, prioient, pleuroient, ou s'immoloient pour eux
Leur ame en nos dangers fut toujours secourable.
Remontons au moment où d'un règne exécrable
Septembre ouvrit le long et vaste assassinat.
Dans le sommeil des lois, dans l'effroi du sénat,
Des monstres, qu'irritoient Bacchus et les Furies,
Aux prisons, en hurlant, portent leurs barbaries.
Ils mêlent sous leurs coups les sexes et les rangs ;
Ils jettent morts sur morts, et mourants sur mourants :

Tout frémit... Une fille au printemps de son âge,
Sombreuil, vient, éperdue, affronter le carnage :
« C'est mon père, dit-elle, arrêtez, inhumains! »
Elle tombe à leurs pieds, elle baise leurs mains,
Leurs mains teintes de sang! C'est peu; forte d'audace,
Tantôt elle retient un bras qui le menace,
Et tantôt, s'offrant seule à l'homicide acier,
De son corps étendu le couvre tout entier.
Elle dispute aux coups ce vieillard qu'elle adore;
Elle le prend, le perd, et le reprend encore.
A ses pleurs, à ses cris, à ce grand dévouement,
Les meurtriers émus s'arrêtent un moment :
Elle voit leur pitié, saisit l'instant prospère,
Du milieu des bourreaux elle enlève son père,
Et traverse les murs ensanglantés par eux,
Portant ce poids chéri dans ses bras généreux.
Jouis de ton triomphe, ô moderne Antigone!
Quel que soit le débat et du peuple et du trône,
Tes saints efforts vivront d'âge en âge bénis :
Pour admirer ton cœur tous les cœurs sont unis;
Et ton zèle, à jamais cher aux partis contraires,
Est des enfants l'exemple, et la gloire des pères.
Faut-il qu'au meurtre en vain son père ait échappé!
Des brigands l'ont absous, des juges l'ont frappé!

Tel brille en ses vertus un sexe qu'on déprime.

Que sous nos pas tremblants le sort creuse un abyme,
Il s'y jette avec nous, ou devient notre appui;
Toujours le malheureux se repose sur lui.
L'heureux même lui doit ses plaisirs d'âge en âge :
Et, quand son front des ans atteste le ravage,
Une femme embellit jusqu'à ses derniers jours.
Au terme de sa course, il s'applaudit toujours
De voir à ses côtés l'épouse tendre et sage
Avec qui de la vie il a fait le voyage,
Et la fille naïve à qui, pour le chérir,
Il ouvrit le chemin qu'il vient de parcourir.
Grace aux soins attentifs dont leurs mains complaisantes
S'empressent à calmer ses peines renaissantes,
De la triste vieillesse il sent moins le fardeau ;
Il cueille quelques fleurs sur le bord du tombeau;
Et lorsqu'il faut quitter ces compagnes fidèles,
Son œil, en se fermant, se tourne encor vers elles.

Hé bien! vous, de ce sexe éternels ennemis,
Qu'opposez-vous aux traits que je vous ai soumis?
Vous me peignez soudain la joueuse, l'avare,
L'altière au cœur d'airain, la folle au cœur bizarre,
La mégère livrée à des soupçons jaloux,
Et l'éternel fléau d'un amant, d'un époux :
Nous sied-il d'avancer ces reproches étranges?
Pour oser les blâmer sommes-nous donc des anges?

Et, non moins imparfaits, ne partageons-nous pas
Leurs travers, leurs défauts, sans avoir leurs appas?
Vous ne m'écoutez point; et, d'un ton plus austère,
Vous m'offrez Éryphile et sa fourbe adultère;
Les fureurs dont Médée épouvanta Colchos,
Le crime qui souilla les femmes de Lemnos,
Messaline ordonnant d'horribles saturnales;
Et, de l'antiquité passant à nos annales,
Vous mettez sous mes yeux l'affreuse Médicis
Au meurtre des Français encourageant son fils:
Qui ne hait comme vous ces femmes sanguinaires?
Mais jugea-t-on jamais les rois sur les Tibères?
Et la femme perverse à d'équitables yeux
Doit-elle rendre enfin tout son sexe odieux?
Mille étoiles au loin rayonnent sur nos têtes:
Il en est dont le cours amène les tempêtes;
Mais, quoique leur aspect présage des malheurs,
Trouvons-nous moins d'éclat à leurs brillantes sœurs
Qui viennent, de la nuit perçant les voiles sombres,
Consoler nos regards du vaste deuil des ombres?
Des fleurs ornent nos champs: mais pour les trahisons
Si plus d'une à la haine offre de noirs poisons,
En admirons-nous moins celles qui sur leur tige
D'innocentes couleurs étalent le prestige,
Et font à l'odorat, comme les yeux charmé,
Respirer le plaisir dans leur souffle embaumé?

4

Les femmes, dût s'en plaindre une maligne envie,
Sont ces fleurs, ornements du désert de la vie.
Reviens de ton erreur, toi qui veux les flétrir :
Sache les respecter autant que les chérir ;
Et, si la voix du sang n'est point une chimère,
Tombe aux pieds de ce sexe à qui tu dois ta mère.

FIN DU POEME.

NOTES.

Page 13, vers 8.

Célébrer des humains la plus belle moitié.

MM. Campenon, Auguste Creuzé, et Dusaussoir ont aussi traité ce sujet en vers très agréables.

Ibid. vers 15.

Pour son dernier ouvrage il créa la Beauté.

Il faut lire dans le Paradis Perdu de Milton l'épisode où Ève reçoit le jour. Celui de sa séduction le surpasse encore : j'en ai essayé cette imitation en vers.

Au milieu de l'Éden un bois touffu s'élève,
Dans ces lieux enchanteurs le fier Satan vers Ève
Porte ses pas, caché sous les traits du serpent.
Il ne se traînoit pas sur la terre en rampant,
Comme on voit s'y glisser cette race ennemie;
Il accourt, élevé sur sa croupe affermie,
Dont les divers anneaux, l'un sur l'autre placés,
En dédales vivants montoient entrelacés.

Son cou noble, sa tête avec grace flottante,
Et des feux du rubis sa prunelle éclatante,
Et sa robe, où jouoit le reflet vif et pur
De mille écailles d'or, d'émeraude et d'azur,
Embellissoient ce corps élégant et superbe,
Dont les derniers replis se dérouloient sur l'herbe.
Il prend pour approcher des détours sinueux ·
Tel, sur l'azur des mers, près des bords tortueux,
D'un long cap où le vent tourne et change sans cesse
Le vaisseau, qu'un nocher dirige avec adresse,
De ce souffle incertain suit tous les mouvements,
Et tour-à-tour présente ou son front ou ses flancs.
Tel le serpent près d'Ève, en courtisan habile,
Varie à chaque instant sa démarche mobile;
Et de divers replis dessinant le contour,
Pour en être aperçu forme cent lacs d'amour.
D'un ouvrage riant tout entière occupée,
De ses brillants reflets Ève n'est point frappée :
Les animaux jouoient si souvent sur ses pas,
Que ses regards vers eux ne se détournoient pas.
Alors l'adroit serpent, sans que son œil l'appelle,
Comme pour l'admirer, se place devant elle.
Il y semble ravi de son auguste aspect;
Mille fois il incline, en signe de respect,
Et le panache errant d'une tête pompeuse;
Et d'un col émaillé la souplesse onduleuse;
D'un œil étincelant dévore ses appas,

Et baise avec transport la trace de ses pas.
Ces efforts obstinés et ce muet hommage,
D'Ève qui les observe, ont suspendu l'ouvrage.
Enfin sur le serpent son regard est fixé :
Il l'aborde, en feignant un air embarrassé,
Et par ces mots flatteurs captive son oreille :
« Reine de l'univers, rare et seule merveille
« Dont nos bosquets divins doivent être orgueilleux,
« Que ce discours pour vous n'ait rien de merveilleux !
« Sur-tout en vous cherchant si j'ai pu vous déplaire,
« Daignez à mes regards cacher votre colère.
« Ce sentiment cruel n'est point fait pour vos yeux,
« Aussi doux que l'azur dont se parent les cieux.
« Ah ! rassurez plutôt un sujet qu'intimide
« L'auguste majesté qui sur ce front réside.
« Sans doute j'aurois dû fuir ce lieu retiré
« Dont votre aspect divin fait un temple sacré :
« Mais j'ai voulu vous voir pensive et solitaire ;
« A ce brûlant desir je n'ai pu me soustraire ;
« Et si c'est un forfait que de vous supplier,
« Accusez vos attraits, qui font tout oublier.
« Oui, vous êtes de Dieu la plus brillante image ;
« C'est en vous que la terre aime à lui rendre hommage.
« Tout ce qui vit, d'amour, d'ivresse transporté,
« Adore cette noble et céleste beauté
« Que sa puissante main, en prodiges féconde,
« Fit comme le soleil pour enchanter le monde.

« Mais ce charmant ouvrage, où se plut son auteur,
« Méritoit, comme lui, plus d'un admirateur :
« Je gémis de vous voir dans l'Éden prisonnière,
« Parmi les animaux, troupe aveugle et grossière
« Qui ne sauroit sentir, dans son instinct borné,
« Tout le prix des attraits dont ce front est orné.
« Seul des êtres vivants attirés sur vos traces,
« L'homme peut dignement apprécier vos graces;
« Mais quand vous rassemblez des trésors si nombreux,
« Un seul être, un seul juge est-il assez pour eux?
« Déesse condamnée à trop peu de louanges,
« Vous méritiez pour suite et les dieux et les anges :
« Ce sont eux qui devroient, embrassant vos genoux,
« Partager leur encens entre leur maître et vous. »
Il se tait : son adroite et douce flatterie
D'Ève, qu'il fait rougir, séduit l'ame attendrie.
Des discours du serpent elle se sent troubler.
Surprise en même temps de l'entendre parler :
« O prodige!... Est-il vrai? Comme moi tu t'exprimes!
« Ta voix même s'élève à des pensers sublimes!
« Comment possèdes-tu ce présent, qu'en ce lieu
« L'homme seul avec l'ange avoit reçu de Dieu?
« D'un miracle si grand conte-moi le mystère;
« Dis par quel intérêt, plus soigneux de me plaire,
« Tu me rends aujourd'hui cet hommage empressé
« Que l'animal encor ne m'a point adressé. »
Le fourbe redoublant son astuce profonde :

« Belle Ève (reprend-il), premier charme du monde,

« Lorsque vous commandez, il m'est doux d'obéir.

« Quand Dieu de la clarté me permit de jouir,

« J'étois en tout semblable à la brute nourrie

« De l'herbe que vos pieds foulent dans la prairie.

« J'avois, par l'instinct seul éclairé chaque jour,

« Et l'esprit sans pensée, et le cœur sans amour.

« Mais un matin, sorti d'un berceau balsamique,

« Je vis dans le lointain un arbre magnifique,

« Chargé d'immenses fruits, que la pourpre et que l'or

« De leurs riches couleurs embellissoient encor;

« J'y cours avec surprise : une haleine embaumée

« S'exhalant de ses fruits, dont ma vue est charmée,

« Porte à mon odorat des esprits plus flatteurs

« Que le parfum du lait et le souffle des fleurs;

« Et cette douce odeur, ces formes séduisantes

« Irritent de ma faim les ardeurs plus pressantes.

« Je n'y résiste plus : de mon corps tortueux,

« J'embrasse au même instant l'arbre majestueux.

« Franchissant ses rameaux qui jusqu'aux cieux s'élancent,

« Je monte vers la branche où ses fruits se balancent.

« Sur sa cime élevée à la fin parvenu,

« Je cueille un de ces dons : ô transport inconnu !

« Non, le doux suc des prés, le cristal des fontaines,

« N'ont jamais fait couler dans mes brûlantes veines

« Une joie, un bonheur qu'on puisse comparer

« A ces plaisirs nouveaux qui vinrent m'enivrer.

« Je voudrois peindre en vain leur charme inconcevable :

« Mais ce n'est rien encor : de cet arbre admirable

« A peine je quittois le céleste aliment,

« Que je sens dans mon ame un soudain changement.

« L'ombre qui la voiloit de sa vapeur grossière,

« Disparoît : la raison y lance sa lumière.

« La naissante pensée est prompte à s'y former ;

« Sur mes lèvres les mots accourent l'exprimer ;

« Et, gardant mes seuls traits, j'entre avec assurance,

« Sous les mêmes dehors, dans une autre existence.

« Depuis ce temps heureux, mon ame avec ardeur

« A des œuvres de Dieu mesuré la grandeur.

« J'ai vu, j'ai comparé sur la terre, sur l'onde,

« Dans le pur firmament, voûte immense du monde,

« Tout ce que d'admirable ils peuvent étaler ;

« Cet univers n'a rien qui vous puisse égaler !

« De vos dons éclatants l'assemblage suprême,

« Fait de vous la plus belle, en fait la beauté même.

« Voilà ce qui m'amène ; et, dussent vous lasser

« Les tributs que mon cœur aime à vous adresser,

« Permettez que dans vous j'observe, admire, adore

« Celle dont tout se pare, et que rien ne décore ;

« Celle enfin qui, baissant ou relevant les yeux,

« Offre aux miens enivrés le chef-d'œuvre des cieux. »

Ces mots, où le mensonge avec art se déguise,

D'Ève trop attentive augmentent la surprise ;

Curieuse, elle dit : « En flattant ma beauté,

« Tu me défends de croire à cet arbre vanté.

« Je doute que les fruits qui forment sa parure

« Aient toute la vertu que ta bouche m'assure.

« Mais où s'éléve-t-il dans ce vaste jardin ? »

« — Il est près de ce lieu, lui répond-il soudain.

« On le voit dans la plaine épancher son feuillage

« Sur les bords d'une source, au milieu d'un bocage,

« Où l'oranger, le baume et le tilleul en fleur,

« Disputent de parfum, d'ombrage, de couleur ;

« Et de myrtes touffus une allée odorante,

« De cet arbre divin est la route charmante.

« Mais sans guide vos yeux ne le trouveroient pas. »

« — Tu peux seul m'en servir : eh bien ! conduis mes pas »

Dit-elle. Le serpent aussitôt la devance ;

En rapides anneaux il se roule, il s'élance ;

Sa cruelle alégresse éclate en la guidant ;

Sa crête en est plus vive, et son œil plus ardent.

Tel, sous des cieux obscurs que sa rougeur colore,

S'enflamme, resplendit, s'étend un météore,

Phénomène que l'ombre et la terre ont produit.

Par un esprit malin ce feu toujours conduit,

A l'œil du voyageur, dans la nuit ténébreuse,

Fait briller en flottant une lueur trompeuse,

Un éclat, qui bientôt l'égare en un sentier

Où quelque abyme ouvert l'engloutit tout entier.

Page 16, vers 12.

Des fleurs par Vallayer sur la toile jetées,
On est prêt à cueillir les tiges imitées.

Madame Vallayer-Coster excelle dans l'art de
peindre les fleurs et la nature morte. Elle fut
reçue, à l'âge de dix-neuf ans, membre de l'Aca-
démie royale de peinture. Deux de ses tableaux,
dont l'un représente les attributs de la pein-
ture, et l'autre ceux de la musique, avoient
prouvé un si grand talent, que ses juges les
adoptèrent aussitôt comme tableaux de récep-
tion. On les admire au muséum de Versailles.

Ibid. vers 14.

On croit voir respirer les portraits précieux
Où Le Brun immortelle attache tous les yeux.

Madame Le Brun n'est pas célèbre seulement
par une foule de portraits qui l'ont placée à
côté de Vandick; son talent s'est encore exercé
sur des sujets qui ont mis le sceau à sa réputa-
tion. Je citerai *la Paix ramenant l'Abondance;*
Vénus liant les ailes de l'Amour; et sur-tout *la*

Tendresse maternelle. Elle s'est représentée dans celui-ci tenant sa fille entre ses bras : composition, dessin, couleur, expression, tout plaît et attache dans cet admirable ouvrage. Madame Le Brun quitta la France pour aller étudier l'Italie, d'après le droit accordé par les lois aux Artistes ; et des Vandales s'empressèrent de l'inscrire sur la liste des émigrés. En vain les hommes les plus célèbres dans les sciences, dans les lettres et dans les arts, présentèrent aux autorités une pétition pour son retour ; ce n'est que sous le consulat de Bonaparte qu'elle a obtenu justice. Madame Le Brun est rendue à son pays ; mais qui pourra dédommager l'école française des chefs-d'œuvre qu'elle a laissés chez l'étranger pendant dix années d'absence ?

Page 16, vers 18.

Lisons Riccoboni, Lafayette, Tencin.

Madame de Lafayette et madame de Tencin s'illustrèrent avant madame de Riccoboni. La première composa *Zaïde* et la *Princesse de Clèves* ; l'autre, les *Mémoires de Comminge* ; et madame de Riccoboni, le *Marquis de Cressy*, *Ernestine*, et d'autres romans délicieux.

Page 16, vers 20.

Et dans Cécilia, Sénange, et Théodore,
Dans ces tableaux récents l'Amour est peintre encore.

Ces trois romans sont d'auteurs vivants. *Cécilia*
est de miss Burney. Cet ouvrage réussit à Paris
comme à Londres; les caractères y sont parfaite-
ment dessinés; le tableau de la société y est très
bien saisi : c'est une des meilleures productions
de la fin du xviiie siècle.

Adèle et Théodore est un roman de madame
de Genlis. Il est, comme ses autres ouvrages,
conduit avec habileté, et écrit avec beaucoup de
charme. On y remarque sur-tout l'histoire d'une
femme plongée par son mari jaloux dans un sou-
terrain.

Adèle de Sénange est de madame de Flahaut.
Ce roman commença et fit la réputation de son
auteur. Il parut dans le temps où nous étions
inondés de ces sombres productions des roman-
ciers anglais, qui croient plaire avec des spectres
et des horreurs; et comme il n'a rien d'un si lu-
gubre appareil, comme tous les ressorts en sont
simples; il reposa agréablement de ces compo-
sitions tristes et convulsives. Mais il ne dut pas

le grand succès qu'il obtint à ce seul contraste ;
il le dut sur-tout à l'intérêt de l'action, à l'in-
génuité des caractères, à la légèreté du style, à
l'art des développements, enfin à la découverte
de ces nuances fines, de ces sentiments délicats,
de ces expressions du cœur qu'une femme seule
sait trouver.

Les romans de madame Cottin donnèrent une
rivale à mesdames de Genlis et de Flahaut. Elle
débuta par celui de *Claire d'Albe*, qui la fit très
avantageusement connoître. Les autres sont d'un
talent encore plus élevé : on y trouve une ima-
gination vive et féconde, et le style d'un écri-
vain habile à peindre les grandes passions.

Lorsqu'on cite les femmes qui écrivent en
prose, on ne peut oublier madame de Staël,
dont le talent est si distingué ; ce n'est point la
grace qui caractérise sa plume, ce sont des pen-
sées fortes et des expressions ingénieuses.

Page 16, vers 23.

Un poëte voulut lui défendre les vers.

On se rappelle les stances charmantes de Le
Brun aux belles qui veulent versifier.

Page 16, vers 26.

Mais elle a su prouver que sous ses doigts légers
Soupire sans effort la flûte des bergers.

Les jolis vers de mesdames d'Hautpoul-Beau-
fort, Bourdic-Viot, Verdier, Beauharnais, Du-
frénoy, Pipelet de Salm, et Babois, justifient
mon assertion.

Page 18, vers 6.

Elle vit dans son fils, et non plus dans soi-même.

Grétry, dans son excellent essai sur la mu-
sique, a dit sur l'amour maternel: *Le cœur d'une
mère est le chef-d'œuvre de la Nature.* Ce mot
est aussi vrai qu'ingénieux. En voici un autre
très touchant. Une femme venoit de perdre son
fils; un prêtre, invoquant la religion pour la
résigner à son malheur, lui rappela le sacrifice
d'Abraham: *Ah! mon père,* s'écria-t-elle, *jamais
Dieu ne l'eût exigé d'une mère!*

Ibid. vers 23.

D'une lèvre obstinée elle presse ses yeux,
Que ferme un voile impur à la clarté des cieux.

Cette action est vraie. Madame de Genlis, dans

un de ses romans, raconte un fait semblable, à l'exception qu'il s'agit, dans son récit, d'une fille de quinze ans.

Page 18, vers 26.

Une seconde fois lui donna la lumière.

Quand ce morceau fut achevé, on me rappela que Voltaire avoit dit sur le jeune Caumont sauvé par son père à la Saint-Barthélemi :

« Une seconde fois il lui donna la vie. »

J'ai laissé cette réminiscence qui m'est échappée, parceque le mot *lumière*, qui, dans mon vers, présente une autre acception que *la vie*, le rend différent de celui de la Henriade ; et qu'enfin le tableau n'est pas le même.

Page 25, vers 18.

Bon La Fontaine, ô toi qui chantas l'amitié,
Avec La Sablière ainsi tu fus lié.

Madame de La Sablière recueillit vingt années chez elle notre fabuliste, qui étoit sans fortune, n'ayant jamais eu part aux faveurs du gouvernement ; car l'autorité n'est que trop souvent dis-

posée à oublier l'homme de talent qui ne sait
pas intriguer ou faire sa cour. La Fontaine étoit
de la plus grande insouciance sur ses affaires ;
madame de La Sablière s'en occupoit pour lui.
Elle ne fut pas seulement son amie, elle fut son
économe ; elle régloit ses dépenses et son habil-
lement. Il n'est qu'une femme qui sache entrer
dans tous ces détails minutieux que l'amitié en-
noblit. La Fontaine perdit une amie si précieuse.
Madame d'Hervart la remplaça. La manière dont
ses services furent offerts et acceptés est remar-
quable. *J'ai appris*, dit madame d'Hervart à La
Fontaine, *le malheur qui vous est arrivé, et je
viens vous proposer de loger chez moi. J'y al-
lois*, lui répondit-il. Ce mot fait l'éloge de tous
deux.

Page 27, vers 3.

Vous le prouvez, ô temps de la chevalerie !

L'institution de la chevalerie eut le but le plus
imposant, celui de défendre la foiblesse oppri-
mée. L'anarchie et le brigandage, qu'amena dans
l'Europe la division du vaste empire de Charle-
magne, changèrent les possesseurs de chaque
fief en autant de petits souverains qui se faisoient

la guerre, et infestoient les routes. Le moindre château, le plus étroit donjon, étoient redoutables : il en sortoit des soldats qui pilloient les marchands et enlevoient les femmes. Plusieurs seigneurs, au dixième siècle, se liguèrent pour protéger la tranquillité publique, et sur-tout défendre les femmes : ils s'appelèrent leurs chevaliers. La galanterie vint s'unir à cet utile établissement. L'appui qu'il offroit à la beauté mit ses défenseurs à ses pieds. Chaque chevalier voulut avoir *sa Dame.* Il ne faisoit serment que par Dieu et par elle; il ne combattoit qu'armé par ses mains et paré de ses couleurs; il cherchoit à se rendre digne d'elle par des exploits. Sans doute cette institution eut ses ridicules, comme tout ce qu'on exagère. Elle mêla au courage une forfanterie, à l'amour une soumission, qui passèrent les bornes, et fournirent à la comédie plusieurs scènes plaisantes; elle inonda l'Europe de longs romans, dont l'auteur de *Don Quichotte* s'est moqué avec raison; mais elle produisit de grands hommes, mais elle fit faire de belles actions. Enfin elle servit la morale, en adoucissant l'âpreté de la valeur par le culte de l'amour délicat, en inspirant à toutes les ames une sensibilité plus exaltée, un zéle plus ardent pour les opprimés ; et elle plaira toujours à l'imagination par le tableau de ses chiffres, de ses rubans, de ses devises, qui dans les combats ornoient toutes les armures, et par la pompe de ses tournois et de ses fêtes, où la vaillance et l'adresse se déployoient devant une assemblée de femmes brillantes de parures et de charmes. Les croix, les cordons, firent tomber la chevalerie, et ne la remplacèrent pas.

Page 28, vers 11.

Il faut que Mars toujours soit l'amant de Vénus.

L'amour du dieu de la guerre pour la déesse de la beauté est une des plus séduisantes fictions de la mythologie. Il a fourni à Lucrèce le magnifique début de son poëme de la Nature. J'en ai hasardé une imitation en vers : peut-être ne paroîtra-t-elle pas déplacée dans les notes d'un poème sur les femmes.

O mère des Amours ! ô mère des Romains !
Vénus, charme éternel des dieux et des humains,
Toi seule, embrasant tout de ton feu salutaire,

Peuples l'air et les eaux, et fécondes la terre,
Tu parois : les frimas reconnoissent ta loi;
Les vents respectueux se taisent devant toi;
L'hiver s'est éloigné; Cybèle, au loin riante,
Étale de ses fleurs la parure odorante;
L'Océan aplani roule limpide et pur;
Et le ciel resplendit de son plus riche azur.
Quand le printemps renaît, dès qu'on sent dans la plaine
. Des zéphyrs créateurs souffler la douce haleine,
Soudain, remplis de toi, par mille chants d'amour,
Les habitants de l'air célèbrent ton retour.
Des coursiers, des taureaux les troupes vagabondes
S'élancent dans les prés ou traversent les ondes;
Tout ce qui vit enfin suit ton aimable voix.
Dans les mers, dans les champs, sur les monts, dans les bois
Pénétrant tous les cœurs, ta volupté féconde
Par l'attrait des plaisirs renouvelle le monde.
Viens donc, viens m'inspirer, ame de l'univers,
Principe de la vie et des êtres divers,
Des graces, du bonheur source éternelle et pure;
Tu me dois ton appui, je chante la nature.
Je chante; et Memmius, que tes dons les plus chers
Ont orné dès l'enfance, est l'objet de mes vers.
Prête-leur, ô Vénus! une grace immortelle,
Que le temps, comme toi, rende toujours nouvelle.

Ordonne cependant qu'aux plus lointains climats

La paix éteigne enfin la fureur des combats.
Tu peux seule imposer silence au bruit des armes.
Souvent ce dieu si fier qui préside aux alarmes
Repose dans tes bras ; là , d'amour consumé ,
Mars , penché sur ton sein , palpitant , enflammé ,
Et l'ame suspendue aux lèvres qu'il adore ,
Repaît de volupté son œil qui te dévore.
Ah ! lorsque tu tiendras cet amant éperdu
Sur tes charmes sacrés mollement étendu ,
Que , par un doux parler, ta bouche enchanteresse
Verse au fond de son cœur une paisible ivresse.
Aux jours où la Discorde agite ses flambeaux
Oserois-je chanter ? Et le fils des héros ,
Memmius , pourroit-il , à sa gloire infidèle ,
Trahir, pour m'écouter, tout l'état qui l'appelle ?

Oui , Memmius , de Rome écarte le danger.
Il faut, pour la science où je dois t'engager,
Un esprit libre , calme , et qui , brûlant d'apprendre ,
Ne puisse s'en distraire avant de la comprendre.
Je veux te dévoiler le système des cieux ,
L'ordre de l'univers , l'existence des dieux.
Je veux , te délivrant des erreurs populaires ,
De la création t'enseigner les mystères.
Tu sauras , par les lois qu'Épicure décrit ;
Comment tout naît , s'élève , et comment tout périt ;
Quels sont ces premiers corps , seuls principes du monde.

Car les dieux, endormis dans une paix profonde,
Sans s'occuper de nous, avec tranquillité,
Savourent les douceurs de l'immortalité.
Loin des évènements qui passent sur la terre,
Dans eux-même enfermés, leur grandeur solitaire,
D'un œil indifférent, sans crainte, sans douleur,
Voit parmi les humains le crime et le malheur.

Long-temps un monstre affreux, qui du milieu des nues
Tenoit sur l'univers ses ailes étendues,
La Superstition, usurpant des autels,
De sa chaîne sacrée accabla les mortels.
Dans ce commun effroi, du sein de la poussière,
Un Grec leva les yeux sur cette idole altière;
Le premier, immobile, il l'osa contempler,
Dans son calme insultant rien ne put l'ébranler,
Ni ces dieux si vantés, ni le bruit de leur foudre,
Ni les cieux enflammés prêts à le mettre en poudre.
L'obstacle l'enhardit; et, brûlant d'arracher
Le voile où la nature a voulu se cacher,
Son génie, échappé des limites du monde,
Parcourut à grands pas l'immensité profonde;
Et, pénétrant enfin dans ses trésors ouverts,
Vainqueur, il les versa sur l'aveugle univers.
Il enseigna des corps les bornes et l'essence :
Par là du fanatisme il frappa la puissance;
Et, foulant sous ses pieds ce fantôme odieux,

L'homme, éclairé par lui, marcha l'égal des dieux.

Mais ne t'alarme pas de ces leçons hardies.
Ne crois pas qu'élevant des systèmes impies
J'attaque la morale, oracle des humains,
Et veuille des forfaits leur ouvrir les chemins.
La Superstition seule ordonna des crimes.
N'est-ce pas en suivant ses horribles maximes
Que les princes des Grecs ont offert sous leurs coups
Le sang d'Iphigénie à Diane en courroux?
Quel spectacle!... une illustre et jeune infortunée
Des voiles de la mort la tête couronnée!
Près de l'autel, son père accablé de douleurs!
A ses côtés vingt rois, et leur armée en pleurs!
Le couteau saint caché sous l'habit des ministres!
La belle Iphigénie, à ces apprêts sinistres,
Muette, se prosterne en détournant les yeux.
De quoi lui sert, hélas! dans ce jour odieux,
Que son sang soit illustre, et qu'elle ait la première
Au grand Agamemnon donné le nom de père?
De ces bourreaux sacrés le cortège cruel
La soulève tremblante, et la porte à l'autel,
Non pas pour y serrer les doux nœuds d'hyménée,
Au milieu d'une cour sur ses pas entraînée,
Mais pour y recevoir, par l'ordre paternel,
A la fleur de ses ans un trépas solennel.
Eh! quel étoit le but d'un si grand sacrifice?

Le départ des vaisseaux !... l'espoir d'un vent propice !
O superstition, voilà donc tes fureurs !...

Page 28, vers 16.

N'a-t-on pas vu jadis une femme grand homme
S'opposer dans Palmyre aux ravages de Rome ?
Une autre, vers l'Euphrate enchaîné sous sa loi,
Combattre en conquérant et gouverner en roi ?

L'une est *Zénobie*, l'autre *Sémiramis*. *Zénobie*
monta sur le trône de Palmyre, ville de la Syrie,
l'an 267 de l'ère chrétienne. Elle battit elle-même
les Romains en Égypte et en Perse. Mais elle fut
vaincue par l'empereur Aurélien, et tomba entre
ses mains.

Sémiramis devint reine de Babylone vers l'an
1229 avant J. C., en succédant à Ninus son
mari. Elle remporta en personne plusieurs vic-
toires. Elle fut l'effroi des monarques de l'Asie ;
elle ôta ou donna le sceptre à plus d'un roi.

Beaucoup d'autres souveraines furent guer-
rières. Les plus célèbres sont Tomyris, reine des
Scythes, qui vainquit Cyrus ; Laodicée, reine des
Bretons, qui combattit les Romains ; Marguerite
Waldemar, reine de Danemarck, qui conquit

deux royaumes ; Marguerite d'Anjou, reine d'An-
gleterre, qui livra douze batailles pour replacer
sur le trône Henri VI, son époux ; Jeanne de
Montfort, duchesse de Bretagne, qui, après
beaucoup de sièges, de combats sur terre et sur
mer, mit enfin la couronne sur la tête de son fils ;
et Henriette d'Angleterre, femme de Charles Ier,
fille de Henri IV, qui repassa neuf fois l'Océan
pour combattre Cromwell.

Page 28, vers 21.

Non : mille autres encor, sans être souveraines, etc.

Sans rappeler les annales des républiques an-
ciennes, l'histoire moderne nous a transmis des
exemples nombreux de la vaillance de femmes
qui ne furent point assises sur le trône. Au temps
des croisades, on en vit une foule combattre en
Asie. Dans l'invasion des Turcs, les habitantes
des iles de l'Archipel et de la Méditerranée, et,
dans les guerres de la France, les habitantes
d'Aix, de Marseille, et de Péronne, repoussèrent
intrépidement les ennemis.

Page 29, vers 4.

Fière Télesilla, j'atteste tes exploits.

Télesilla naquit à Argos, dans le Péloponnèse. Elle étoit poëte et guerrière. Entre autres exploits, elle délivra, l'an 557 avant Jésus-Christ, sa patrie assiégée par Cléomène, roi de Sparte. Ses concitoyens lui érigèrent dans la place publique une statue qui la représentoit ayant un casque à la main et des livres à ses pieds.

Ibid. vers 6.

Jeanne d'Arc; Orléans trembloit pour ses murailles, etc.

C'est l'an 1429 que Jeanne d'Arc, paysanne née à Domremi, se signala en faisant lever aux Anglais le siège d'Orléans, et en conduisant Charles VII à Reims pour y être sacré.

L'an 1472, une autre Française, nommée Hachette, sauva Beauvais assiégé par le duc de Bourgogne: elle parut sur la brèche à la tête des femmes de cette ville, arracha le drapeau qu'on y vouloit arborer, et renversa au bas de la muraille le soldat qui le portoit.

Page 30, vers 9.

Veut de Calais dompté livrer les six victimes.

Dans la guerre de Philippe de Valois et d'É-
douard III pour le trône de France, la ville de
Calais, fidèle aux droits de Philippe que la loi
salique y appeloit, avoit soutenu un siège de
onze mois. Cette défense opiniâtre irrita le vain-
queur, qui vouloit tout passer au fil de l'épée ; il
ne se laissa désarmer que sous la condition que
six habitants de cette ville lui seroient remis les
pieds nus, les mains liées, et la corde au cou.
Six se présentèrent en cet état. Édouard ordon-
noit leur supplice ; mais la reine, par ses pres-
santes sollicitations, obtint leur grace. Cet évè-
nement arriva l'an 1347.

Page 31, vers 2.

Ouvre-toi, triste enceinte, où le soldat blessé, etc.

Les garde-malades, dans les hôpitaux mili-
taires et civils, étoient en France, avant la révo-
lution, et sont encore dans l'Europe des reli-
gieuses, appelées Sœurs de la charité. On ne peut
trop admirer la constance avec laquelle elles
remplissent une si triste fonction.

Page 32, vers 1.

Dévouant Antigone aux horreurs de la faim.

Les anciens attachoient une grande importance à être inhumés. Polynice, expirant sous les coups d'Étéocle, conjura sa sœur Antigone de l'ensevelir. Comme il avoit porté les armes contre sa patrie, les magistrats défendirent sous peine de mort de lui rendre les derniers honneurs. Antigone désobéit à la loi, et fut condamnée à périr de faim dans un antre que l'on mura sur elle.

Ibid. vers 10.

Qu'a fait cette Éponine à l'échafaud conduite?

Éponine avoit épousé Sabinus, prince gaulois, qui se révolta, vers l'an 69 de l'ère chrétienne, contre l'empereur Vespasien. Il fut vaincu, et se cacha dans un souterrain. Il fit savoir le lieu de sa retraite à Éponine. Cette tendre épouse vint l'y trouver, l'y servit pendant neuf ans, et y accoucha de deux enfants. Leur asile fut découvert. Vespasien les fit périr tous deux, sans respect pour la vertu d'Éponine. La belle Panthée, femme d'Abradate; Porcia,

femme de Brutus ; Pauline , femme de Sénéque ;
Arria , femme de Pœtus ; et Camma , veuve de
Sinate, dont elle vengea l'assassinat en s'empoi-
sonnant avec son meurtrier, se rendirent im-
mortelles comme Éponine , par ce sublime em-
pressement à s'immoler pour un époux.

Page 33, vers 19.

Du tombeau d'un époux protège sa vertu.

Ce trait est historique. L'héroïne étoit femme
de Jean-Baptiste de La Porte, gouverneur de
Bassano, qu'elle défendit vaillamment, mais en
vain, après la mort de son mari , tué pendant le
siège de cette ville.

Ibid. vers 20.

Que ne peut le devoir sur ces ames fidèles !...

La fidélité conjugale rappelle le nom de Péné-
lope, dont la constance honora tant l'hyménée.
Ovide a fait sur cette reine une héroïde tou-
chante, dont la traduction que j'ai hasardée ne
sera point déplacée ici.

> Ulysse, toi dont rien n'annonce
> Le retour à mon cœur surpris,

Cher époux, c'est moi qui t'écris;
Toi-même à Pénélope apporte la réponse.
Il est, après dix ans, sur la poudre étendu
Cet Ilion, haï des filles de la Grèce;
Mais a-t-il pu souffrir autant que la tendresse
      De l'épouse qui t'a perdu?
Plût aux dieux que sur l'onde eût péri l'adultère
Dont les feux ont souillé la cour de Ménélas!
Pleurante, et te cherchant trop vainement, hélas!
Je ne languirois point dans mon lit solitaire;
Je ne me plaindrois pas de la lenteur des jours;
Et, pour tromper des nuits la course encor plus lente,
Je ne déferois pas, d'une main défaillante,
L'ouvrage ingénieux que je refais toujours.
      Combien j'ai tremblé pour ta vie?
L'amour craint tout; l'amour, me peignant ton trépas,
Te prêtoit des dangers que tu ne courois pas.
Je voyois sur toi seul fondre toute l'Asie.
Je demandois sans cesse : Existe-t-il encor?
      Je pâlissois au nom d'Hector!
Patrocle, qui d'Achille a revêtu les armes,
      Tomboit-il par Hector percé?
Par Hector Antiloque étoit-il renversé?
Antiloque, Patrocle, augmentoient mes alarmes;
Je croyois voir Ulysse avec eux terrassé.
      Enfin, dès que la renommée
M'apportoit d'un revers la nouvelle semée,

Ce funeste récit redoubloit ma frayeur ;

Et chaque trait lancé venoit frapper mon cœur.

Mais l'amour a veillé sur des jours que j'adore ;

Les Troyens ne sont plus, et toi, tu vis encore.

Tous les Grecs de retour font fumer les autels ;

Leur proie est déposée aux pieds des immortels,

     Leurs filles aux dieux rendent graces

Pour un père sauvé, qui, près des siens assis,

Tranquille, d'Ilion raconte les disgraces :

Les vieillards, les enfants, tremblants à ces récits,

Admirent en silence ; et l'épouse éperdue

Aux lèvres d'un époux écoute suspendue.

     Souvent sa main, à leurs regards,

     Sur la table, de vin rougie,

Dessine ces combats donnés dans la Phrygie,

Et d'Ilion détruit rebâtit les remparts.

     Là couloit le Xante tranquille ;

Le Sigée, en ces lieux, s'avançoit dans les mers ;

Là, le palais des rois s'élevoit dans les airs ;

Là combattoit Ulysse, ici campoit Achille ;

Plus loin Hector sanglant, à son char enchaîné,

Effraya les chevaux dont il était traîné.

     J'ai su tous ces détails célèbres

D'un fils qui de Nestor les avoit tous appris.

Il m'a conté Dolon par tes regards surpris,

Et Rhésus par ton bras frappé dans les ténèbres.

Mais comment, oubliant ton épouse et ton fils,

Osas-tu pénétrer le camp du roi de Thrace,
Et, d'un seul homme aidé, braver tant d'ennemis?
Jadis plus amoureux, Ulysse eut moins d'audace.
Dieux! combien ce récit m'a fait pâlir! Mon cœur
Trembloit encor de crainte en te sachant vainqueur.
Mais que me sert, hélas! cet exploit qui t'honore,
Cet Ilion détruit par les Grecs et par toi,
Si tu fuis, cher époux, l'épouse qui t'adore,
Comme aux jours où ses murs te retenoient encore?
Renversé pour les Grecs, il existe pour moi.
Déja la moisson flotte à la place où fut Troie;
Le sol s'est engraissé du sang de ses héros;
Le soc, dont le vainqueur le déchire avec joie,
Brise leurs ossements, qui dorment sans tombeaux,
Et l'herbe croît déja sur ces remparts si beaux,
Sur ces palais pompeux dont Vulcain fit sa proie.
Tu triomphes enfin, et ne m'apportes pas
        Les fruits sanglants de ta conquête!
Et j'ignore quel lieu me dérobe tes pas!
Dés que sur cette rive un étranger s'arrête,
        Je l'interroge, et n'apprends rien.
Je lui remets enfin ces mots pour te les rendre,
Si son vaisseau jamais peut rencontrer le tien,
        Ces mots, où le cœur le plus tendre
Implore ta présence, au moins ton entretien.
J'écris souvent à Sparte, à Pylos, à Larisse:
Sur ces bords, m'a-t-on dit, tu n'es point descendu:

J'ai demandé par-tout Ulysse ;
L'univers sur ton sort ne m'a rien répondu.
Imprudente ! mes vœux hâtoient le sort de Troie :
Puisse-t-elle des Grecs braver encor les coups !
Ah ! je saurois du moins où combat mon époux,
Je ne craindrois que Mars ; et j'aurois cette joie
De ne pas gémir seule, et de voir d'autres cœurs,
Malheureux comme moi, partager mes frayeurs.
      J'ignore ce que je redoute,
Et je crains tout. Je crains que les périls divers
Sans cesse renaissants sur la terre et les mers,
      Ne te retardent dans ta route.
Mais peut-être, tandis que ce cœur plein d'effroi
Cherche de ton retard les causes incertaines,
      Tandis que je tremble pour toi,
Quelque amour te retient sur des rives lointaines !
Peut-être à cet objet dont tu portes les chaînes,
Contes-tu les défauts qui m'ont ravi ta foi ;
Peut-être... Je me trompe, Ulysse est plus fidèle ;
De toutes les vertus Ulysse est le modèle.
Il ne sauroit trahir un cœur tel que le mien.
Oui, je crois mériter les sentiments du tien.
Mon père Icarius, lassé de ton silence,
      Parlant toujours pour tes rivaux,
Me presse de voler à des liens nouveaux,
Et de quitter un lit, sacré dans ton absence.
Je rejette toujours une cruelle loi :

De plaire, de changer, je ne suis point jalouse ;
Je fus à toi, jamais je ne serai qu'à toi ;
Et Pénélope enfin veut mourir ton épouse.
Voilà ce que je dis à mon père alarmé :
Mes discours et mes pleurs l'ont enfin désarmé.
    Mais, sortis des îles voisines,
Cent rivaux de leurs feux m'accablent chaque jour :
Amants usurpateurs, ils régnent dans ta cour.
Que dis-je ? Antinoüs montant sur tes ruines,
Médonte, Polydor, tous ces lâches sujets,
Dont ta trop longue absence enhardit les projets,
Sèment dans tes états leurs fureurs intestines.
Irus lui-même, Irus, qui, par le sort frappé,
    Mendioit autrefois sa vie,
Aujourd'hui, dépouillant son maître et sa patrie,
Fatigue les regards de son faste usurpé.
Ils veulent tous ma main et le sceptre d'Ithaque :
Nous ne sommes que trois dont le bras les défend ;
Laërte, Pénélope, et ton fils Télémaque ;
Mais que peut une femme, un vieillard, un enfant,
Un enfant, que déja leur fureur environne
Pour s'ouvrir les chemins des autels et du trône !
    Hélas ! aux dieux, mes seuls soutiens,
Je demande toujours qu'achevant sa carrière,
    Ce fils, à notre heure dernière,
    Ferme tes yeux, ferme les miens.
Eumée et Philetès, confidents de mes larmes,

Me prêtent aux autels le secours de leurs vœux :

Des prières, des pleurs, voilà nos scules armes?

Télémaque, s'il vit, deviendra valeureux,

    Sans doute; mais, dans son aurore,

Des secours de son père il a besoin encore :

Et moi, puis-je chasser des tyrans dangereux?

C'est en toi seul qu'Ithaque et ta famille espère.

Ulysse, reviens donc pour leur prêter ton bras;

Reviens. Ton fils, brûlant de marcher sur tes pas,

    Demande les leçons d'un père

Dans l'art de la parole, et dans l'art des combats.

Sur le bord de la tombe, où l'attend le trépas,

Laérte veut ta main pour fermer sa paupière.

Pour moi, que tu quittas dans mes premiers beaux jours,

Si tu tardes, bientôt j'atteindrai la vieillesse;

    Et je n'aurai de ma jeunesse

    Que le cœur qui t'aima toujours.

Page 33, vers 25.

Combien leurs sentiments les rendent magnanimes!

On ne sauroit penser sans attendrissement et sans reconnoissance à l'attachement courageux, à la persévérance infatigable que les femmes, en général, montrèrent à l'époque de la Terreur pour les proscrits qui leur étoient attachés par les nœuds de la nature, du cœur, ou de l'hyménée. D'abord, au nombre de quinze à seize cents, elles présentèrent à la Convention une pétition en leur faveur. Depuis, dans toutes les villes où l'on emprisonna, où l'on égorgea, il n'est pas de périls que les femmes ne bravèrent, pas de sollicitations qu'elles ne firent, pas de sacrifices qu'elles ne s'imposèrent, pour sauver, ou pour voir et consoler les objets de leurs affections; et plus d'une fois, lorsqu'elles ne purent ni obtenir leur liberté ni les défendre, elles partagèrent volontairement leur captivité et leur trépas. Il m'eût été bien doux de rendre hommage à toutes ces héroïnes en rappelant leurs noms et les monuments de leur magnanimité; mais comment rassembler des faits innombrables? J'en ai du moins recueilli quelques uns [1]. Ils suffiront pour attester la vérité de mes vers, et la bonté de ces anges consolateurs qui, dans des jours de crime, ont remplacé la Providence.

Madame Lefort, dans un des départements de

---

[1] On rencontrera dans la narration de ces faits les noms de la Bourbe. de la Conciergerie, du Plessis, du Luxembourg, de 'Abbaye, de la rue de Sèvres, de Port-Libre : c'étoient des maisons d'arrêt de Paris.

l'Ouest, trembloit pour son mari, incarcéré comme conspirateur. Elle acheta la permission de le voir. Au déclin du jour, elle vole le trouver avec des vêtements doubles ; elle obtient de lui qu'ils changeront d'habillements, et qu'ainsi déguisé il sortira de la prison et l'y laissera. Le projet réussit ; l'époux s'échappe. Le lendemain on découvre que sa femme a pris sa place. Le représentant lui dit d'un ton menaçant : *Malheureuse, qu'avez-vous fait? Mon devoir,* répond-elle, *fais le tien.*

Un semblable stratagème arriva à Lyon, quand cette cité valeureuse, forcée de se soumettre à ses vainqueurs, devint le théâtre des plus barbares exécutions. Un des habitants alloit être saisi : sa femme l'apprend ; elle se hâte de l'avertir, lui donne son argent, ses bijoux, le contraint de s'éloigner, et se couvre des habits de cet époux menacé. Les sicaires arrivent, et le demandent ; sa femme, vêtue comme lui, se présente ; on la conduit au comité. Bientôt l'erreur est reconnue. On l'interroge sur son mari : elle répond qu'elle l'a fait fuir, et qu'elle se glorifie de s'être exposée pour lui sauver la vie. On lui présente l'image du supplice si elle ne révèle la route qu'il a prise ;

Frappez quand il vous plaira, répond-elle, *je suis prête.* On ajoute que l'intérêt de la patrie lui commande de parler ; elle s'écrie : *La patrie ne commande pas d'outrager la nature.*

Des agents de Roberspierre furent envoyés à la Ferté-sous-Jouarre pour s'emparer de M. Regnard, ancien maire de cette ville. On l'accusoit de s'être montré trop respectueux pour le roi revenant de Varennes, que sa place lui prescrivoit de recevoir. Sa femme essaya de le justifier près des commissaires ; mais, croyant voir dans leurs yeux la mort certaine de son mari, elle passa désespérée dans son appartement. Là, elle déposa tout ce qu'elle avoit de précieux sur elle, courut au bout de son jardin qui donnoit sur la Marne, et se précipita dans cette rivière. M. Regnard n'apprit qu'au Luxembourg la fin déplorable d'une épouse qui méritoit tous ses regrets par son attachement et son esprit.

Paris vit, comme les départements, se multiplier les prodiges de la tendresse conjugale.

Madame Lavalette, détenue à la Bourbe avec son mari, est instruite qu'il se rend au tribunal : elle court vers lui, s'attache à son cou, enlace ses jambes dans les siennes, et supplie le guichetier de les laisser partir ensemble. On lui refusa cette triste faveur.

Madame Davaux l'obtint. Son mari, autrefois lieutenant-général du présidial de Riom, avoit été arrêté dans cette ville, et devoit être transféré à la Conciergerie ; il gémissoit sous le poids de l'âge et des infirmités. Madame Davaux prévit le sort dont il étoit menacé, et voulut partager le sanglant sacrifice. Elle n'avoit contre elle aucun mandat d'arrêt, et, libre, elle s'élança sur la voiture qui conduisoit à Paris les prisonniers des départements. A leur arrivée elle fut enfermée comme eux, et périt quelques mois après sur l'échafaud, à côté de son époux qu'elle tenoit embrassé.

Madame Lavergne, femme du commandant de Longwy, éleva pour lui la voix au tribunal révolutionnaire, lorsqu'il y fut interrogé sur la reddition de cette place. Effort impuissant! sa sentence fut prononcée devant elle. Elle n'écouta plus que le désespoir ; il suffisoit de proférer le cri de Vive le roi pour être immolé : elle en fit retentir la salle. En vain les juges voulurent la regarder comme aliénée ; elle s'obstina à répéter ce cri favorable à sa résolution, jusqu'à ce qu'elle obtînt d'être elle-même condamnée.

Madame Roland, femme du ministre, le défendit à la barre de la Convention avec autant de fermeté que d'éloquence. Arrêtée, et ne pouvant plus lui être utile, elle lui légua l'exemple d'une mort intrépide, par le calme avec lequel elle marcha à l'échafaud.

Madame Clavière [1], femme d'un autre ministre républicain, s'exposa vingt fois, après le 31 mai, à être mise en arrestation par les démarches qu'elle fit pour son mari détenu. Il dédaigna de paroître au tribunal de sang où l'attendoient ses ennemis, et se plongea un couteau dans le cœur, en prononçant ces vers de Voltaire :

Les criminels tremblants sont traînés au supplice ;
Les mortels généreux disposent de leur sort.

Madame Clavière reçoit cette nouvelle : elle met ordre à ses affaires, console ses enfants, et se tue avec la tranquillité de Socrate.

[1] Extrait d'un excellent écrit de M. Riouffe, intitulé *les Mémoires d'un détenu*.

On déposa au Plessis des malheureux amenés à Paris pour y être jugés. L'un d'eux avoit une femme jeune et belle, qui ne s'étoit point séparée de lui. Comme elle se promenoit dans la cour avec les autres prisonniers, on appela son mari au guichet. Elle pressent que c'est le signal de sa perte; elle veut le suivre. Le geôlier s'y oppose; mais, forte de sa douleur, elle renverse tout, elle se précipite dans les bras de son mari, elle s'attache à lui pour avoir au moins la triste douceur de partager son sort. Des gardes les séparent. *Barbares!* leur dit-elle, *je n'en mourrai pas moins.* En même temps elle s'élance vers la porte de fer de la prison, s'y brise la tête, et tombe expirante.

On avoit conduit le maréchal de Mouchy au Luxembourg; à peine y étoit-il que sa femme s'y rend. On lui représente que l'acte d'arrestation ne fait pas mention d'elle; elle répond, *Puisque mon mari est arrêté, je le suis aussi.* Il est traduit au tribunal révolutionnaire; elle l'y accompagne. L'accusateur public l'avertit que l'on ne l'a point mandée; elle répond : *Puisque mon mari est mandé, je le suis aussi.* Enfin il reçoit son arrêt de mort; elle monte avec lui dans la charrette meurtrière. Le bourreau lui dit qu'elle n'est point condamnée : *Puisque mon mari est condamné, je le suis aussi.* Telle fut son unique réponse.

Si l'hymen, dans ces temps horribles, fit tout pour les malheureux, on juge que l'amour, plus exalté, plus impétueux, ne se laissa pas vaincre en générosité. La maîtresse d'un négociant de Toulouse en donna un exemple.

La commission révolutionnaire de cette ville l'avoit condamné ; il étoit nuit lorsque l'on prononça son arrêt : l'exécution fut donc remise au lendemain. Sa maîtresse apprend ce délai, et se dispose à en profiter pour le soustraire aux bourreaux. Une maison non habitée touchoit au lieu où il devoit passer la nuit : sa maîtresse, qui, dans le cours de son affaire, avoit tout vendu pour répandre l'or en sa faveur, achète sur-le-champ cette maison. Elle y vole, suivie d'une femme-de-chambre dont elle étoit sûre. Elles percent toutes deux le mur contigu à la prison, et y font une ouverture assez grande pour donner une issue au captif qu'elles veulent délivrer : mais les environs étoient remplis de gardes ; comment le dérober à leurs yeux ? Un déguisement militaire, que cette prévoyante amie avoit apporté, favorise son évasion. Elle-même, vêtue en gendarme, le guide parmi les sentinelles. Ils traversent ainsi la ville sans être reconnus, et passèrent même devant la place où l'on dressoit déja l'instrument qui devoit trancher des jours que l'amour sut conserver.

L'amour sauva aussi un jeune homme de Bordeaux, jeté dans l'une des prisons de cette ville. L'air malsain qu'il y respira avoit altéré sa santé; il fut transféré à l'hôpital. Une jeune sœur, nommée Thérèse, se vit chargée de lui donner des soins. Il étoit d'une figure charmante, et y joignoit les avantages de la naissance et de la fortune. Il l'intéressa d'abord par la douceur de sa physionomie; et, lorsqu'il lui eut raconté ses malheurs et ses craintes, la compassion acheva ce qu'un tendre intérêt avoit commencé. Elle résolut de le faire évader. Après lui avoir communiqué ce dessein, sans lui avouer son penchant, elle lui recommanda de simuler des convulsions violentes, et de feindre enfin l'état de mort. Le jeune homme exécuta le stratagème convenu. La sœur Thérèse, selon l'usage, étendit sur sa tête le drap de son lit. Le médecin passa devant

lui à l'heure accoutumée; elle lui annonça que
le malade venoit d'expirer; il s'éloigna sans
soupçonner qu'elle le trompoit. Le soir arrivé,
la sœur Thérèse supposa que le prétendu mort
étoit réclamé pour l'instruction des élèves, et le
fit transporter à la salle de dissection. Dès qu'il
y fut rendu, elle le couvrit des habits d'un chi-
rurgien qui étoit dans leur secret; et, à la faveur
de ce vêtement, il échappa sans être remarqué.
La ruse ne fut découverte que le lendemain.
On interrogea la sœur Thérèse, qui ne se permit
aucune dissimulation, et en imposa tellement
par sa franchise, qu'elle fut épargnée. Cependant
elle avoit inspiré un sentiment encore plus vif
que celui qu'elle éprouvoit; le jeune Bordelais
l'engagea à venir le trouver dans son asile; et
là, tombant à ses pieds, il la conjura d'embellir
l'existence qu'il lui devoit en consentant à deve-
nir son épouse. On juge qu'elle ne refusa pas;
elle recevoit le bonheur en le donnant. Ils s'en-
fuirent tous deux en Espagne, où ils se ma-
rièrent.

Une veuve, à la fleur de l'âge, déploya pour
son amant, incarcéré dans un département du
nord, une énergie dont le succès ne fut pas aussi

heureux. A la première nouvelle de sa détention, elle courut solliciter sa délivrance; on la repoussa : elle demanda à le voir, ou à être renfermée avec lui : on lui refusa tout. Elle vola vers sa prison qui donnoit sur la rue, et y attendit l'occasion de l'apercevoir : il parut à une fenêtre : on sent ce qu'éprouvèrent alors ces amants. Elle vint ainsi pendant quelque temps affronter la pluie, le vent, et les sentinelles, pires que toutes les injures de l'air, pour obtenir une courte entrevue [1]. Mais un jour, au moment où elle arrivoit, quel spectacle frappe ses yeux! une

---

[1] Il en fut de même à Paris. Tous les jours, dans toutes les saisons, le jardin du Luxembourg étoit rempli de femmes qui, malgré l'excès de la chaleur ou du froid, venoient y passer la matinée pour entrevoir un instant aux fenêtres ou sur les toits du bâtiment, leurs frères, leurs pères, leurs maris enfermés; pour leur adresser ou recevoir d'eux un regard, un geste, un témoignage d'attachement et de regret. Quelques unes firent plus : en dehors d'autres prisons où des égouts correspondoient, elles se penchèrent sur ces eaux infectes pour entretenir un ami, un parent, et les rassurer par les protestations les plus tendres contre la défiance trop naturelle au malheur.

charrette partant pour le supplice, et son amant
lié avec plusieurs autres victimes. A cet aspect,
elle se précipite sur les chevaux, veut les arrê-
ter, appelle le peuple à son secours, le supplie
d'empêcher la mort de ce qu'elle aime. Les sa-
tellites la saisissent; elle cherche à se dégager de
leurs mains pour revoler vers l'infortuné qu'on
entraîne : toujours retenue par eux, elle leur
reproche leur lâche obéissance à des tigres; elle
les conjure de l'unir au sort de ce qu'elle a de
plus cher au monde. Ils veulent l'éloigner; alors
elle saisit le sabre de l'un d'eux, et se le plonge
dans le cœur. Son sang jaillit; la multitude s'é-
meut, les soldats restent stupéfaits; l'amant est
éperdu, ses compagnons d'infortune oublient le
coup qui les attend pour ne s'occuper que de
son affreuse position. Cependant les municipaux
accourent et font enlever le cadavre. La voiture
homicide arrive à sa cruelle destination; les
condamnés tombent sous la hache; et le souve-
nir du suicide de cette amante magnanime va se
perdre dans les torrents de sang que chaque jour
voit couler.

Madame C....r ne put également prouver
son amour à M. Boyer qu'en mourant avec lui.

Ils étoient détenus ensemble à Paris. Un jour M. Boyer est cité au tribunal comme témoin. Ses compagnons d'infortune sentirent qu'ils ne le reverroient plus, et tous les yeux se portèrent sur sa maîtresse. Elle parut fort calme ; elle s'enferma pour écrire. Un de ses amis, craignant que cette tranquillité apparente ne cachât un projet sinistre, épia ses démarches, et intercepta une lettre qu'elle avoit écrite à l'accusateur public. Cette lettre lui apprit tout ce qui se passoit dans cette ame brûlante. Madame C....r y faisoit des vœux pour le retour de la royauté : c'étoit demander la mort ; elle l'attendoit. Mais ne recevant pas de nouvelles, elle craignit que sa lettre ne fût point parvenue : elle en écrivit une autre, et prit ses mesures pour qu'elle arrivât. Cependant on lui cachoit les journaux, parceque son amant étoit sur la liste des suppliciés : elle dit à ses amis : *Je sais qu'il n'est plus ; ne me déguisez rien, j'ai du courage.* On lui avoua qu'elle avoit tout perdu. Elle reçut ce dernier coup avec la plus grande fermeté, et se retira une seconde fois dans son appartement. Là elle relut toutes les lettres de son amant, s'en fit une ceinture, et passa le reste de la nuit à le pleurer.

Le lendemain elle s'habilla avec recherche; et, à l'heure du déjeuner, comme elle étoit à table avec les autres prisonniers, elle entendit la cloche. *C'est moi que l'on vient chercher*, s'écria-t-elle avec joie : *adieu, mes amis, je suis heureuse, je vais le suivre!* A ces mots elle coupa ses beaux cheveux, les partagea entre ses amis, donna ensuite à l'un une bague, à l'autre un collier; et les quitta après les avoir priés de jeter quelquefois un regard sur ses présents. Elle vola au tribunal. On lui demanda si elle étoit l'auteur de la lettre qui l'y faisoit appeler : *Oui, cruels, c'est moi qui vous l'ai adressée; vous avez assassiné mon amant, frappez-moi à mon tour, je vous apporte ma tête.* Arrivée sur l'échafaud, elle s'écria : *C'est ici qu'il a péri, hier, à la même heure; je vois son sang, bourreau : viens y mêler celui de son amante.* Après avoir prononcé ces mots, elle se livra au fer assassin, en répétant jusqu'au dernier moment le nom qu'elle adoroit.

Une autre femme se signala, après le trépas de son amant, par un transport d'un caractère différent, mais qui n'est pas moins tendre.

Elle avoit assisté à l'exécution de l'infortuné qui lui étoit si cher. Elle suit sa dépouille jusqu'au lieu où l'on devoit l'ensevelir avec d'autres cadavres. Là, elle flatte la cupidité du fossoyeur pour en obtenir la tête d'une victime chérie. « Des « yeux où régnoit l'amour, et que la mort vient « d'éteindre, la plus belle chevelure blonde, les « graces de la jeunesse flétries par le malheur ; « voilà, dit-elle, l'image de celui que je viens « chercher. Cent louis seront la récompense de « ce service. » La tête est promise. Elle revient seule et tremblante la prendre dans un voile précieux. Mais la nature fut moins forte que l'amour : cette sensible amante, épuisée des combats qu'elle éprouvoit, tomba au coin de la rue Saint-Florentin, et laissa voir aux yeux effrayés son secret et son dépôt. Elle fut envoyée au tribunal révolutionnaire, qui lui fit un crime de l'action qui auroit dû l'attendrir ; et elle marcha bientôt au supplice, heureuse de l'espoir de retrouver dans un meilleur monde l'objet qui lui avoit inspiré un délire si passionné !

Il est un effort encore plus beau que de s'immoler pour l'amant dont on est aimé, c'est de mourir pour un infidèle. L'histoire de madame C.... présente cet excès de grandeur d'ame.

Un jeune homme en fut long-temps épris,

et en avoit obtenu le plus tendre retour ; mais, quoique toujours adoré, il l'abandonna pour madame B...., dont l'amabilité pouvoit faire excuser cette inconstance. Il est arrêté dans un département, ainsi que madame C.... Réunie du moins par l'infortune à son volage amant, elle pardonne à sa rivale, et lui écrit même les lettres les plus affectueuses. Cependant les deux captifs apprennent que l'on a donné l'ordre de les transférer à Paris. Révoltés de périr sous la main d'un bourreau, ils marquent à madame B.... de se trouver munie de poison, tel jour, à telle heure, au passage de la galiote. Madame B.... se croit obligée de remplir leur dernière volonté. Elle se rend au jour, à l'heure, au lieu indiqué, courant mille fois le risque de se perdre elle-même. Son zèle fut trompé, on avoit fait prendre la poste à ses malheureux amis, et déja ils étoient à la Conciergerie. Nul moyen de parvenir jusqu'à eux. Le jeune homme, qui desiroit voir encore une fois celle qu'il préféroit, écrit à madame B... de paroître sur son passage le jour de l'exécution. Ce jour arrive. Madame B.... recueille toutes ses forces, et se traîne rue Saint-Honoré. Cependant madame C..., sûre de n'être plus séparée de

celui dont l'image n'étoit jamais sortie de son
cœur, le console; et pour elle seule, au milieu
d'une foule de victimes consternées, l'attente
du supplice est le moment du bonheur. Le char
de la mort traverse la rue Saint-Honoré. Ma-
dame B..., attachée aux barreaux d'une fenêtre,
voit son amant enchaîné, et sa rivale à ses côtés.
Tous deux, par des signes de tête, lui font les
adieux les plus touchants. Le jeune homme la
regardoit avec des yeux où se peignoit la dou-
leur de la quitter; la femme, au contraire, le
visage rayonnant, sembloit lui dire : *Je suis plus
heureuse que toi, je vais vivre éternellement avec
lui.* Ils disparoissent : madame B.... tombe éva-
nouie ; et quand elle revint à elle, ses amis n'é-
toient plus.

La tendresse fraternelle inspira aussi des sa-
crifices dignes d'être placés à côté de ceux de
l'amour et de l'hymen.

Mademoiselle Maillé, détenue rue de Sèvres,
s'immola pour sa belle-sœur. Elle s'étoit rendue
dans la cour avec les autres prisonniers pour
y entendre l'appel des accusés : son nom est pro-
noncé. elle s'avance, mais elle fait remarquer

que, le prénom n'étant pas le sien, ce n'est pas d'elle qu'il s'agit. On lui demande si elle sait quelle est la personne désignée (c'étoit sa belle-sœur), elle garde le silence. On lui ordonne de révéler sa retraite. *Je ne desire pas la mort, répond-elle, mais je la préfère mille fois à la honte de me sauver aux dépens d'une autre ; je suis prête à vous suivre.*

Madame Élisabeth pouvoit échapper aux dangers qui menaçoient les Bourbons en rejoignant ceux de ses frères qui sortirent de France : elle aima mieux s'oublier elle-même pour ne pas abandonner le plus malheureux. Elle mourut bientôt après lui avec le calme d'une ame douce et pure. Dans la voiture qui la menoit au supplice, son fichu tomba. Exposée en cet état aux regards de la multitude, elle adressa au bourreau ce mot mémorable : *Au nom de la pudeur couvrez-moi le sein.*

Après la reddition de Lyon, une jeune fille entra désespérée dans la salle où la commission siégeoit, et s'écria : *Il ne me restoit de toute ma famille que mes frères, vous venez de les faire fusiller ; de grace, commandez que je périsse avec eux.* Elle pressoit les genoux des juges en leur adressant cette triste prière. On la refusa. Elle courut se jeter dans le Rhône.

Dans la même ville, à la même époque, cinq prisonniers s'échappèrent d'un cachot appelé la *Mauvaise cave;* ce furent les sœurs du jeune Porral qui leur en facilitèrent les moyens. Elles donnèrent une partie de leur fortune pour pénétrer jusqu'à leur frère, et firent, au milieu des plus grands dangers, plusieurs voyages pour lui apporter les instruments nécessaires à son évasion: Le jeune Porral s'en servit avec autant de bonheur que de hardiesse, et vint bientôt avec ses quatre compagnons remercier ses sœurs, qui l'aidèrent encore à se dérober aux recherches qu'occasiona le bruit de sa fuite.

La France presque entière étoit devenue une arène sanglante où tous les sentiments se disputoient le dangereux honneur d'être utile à l'infortune; mais la piété filiale, en se dévouant à sa défense, acquit peut-être un nouveau degré d'intérêt par le contraste de l'héroïsme avec la jeunesse et l'innocence.

Mademoiselle de Bussy et mademoiselle de Brion, âgées, l'une de quinze ans, l'autre de

dix-neuf, avoient toutes deux accompagné leurs
mères en prison. Elles n'étoient point écrouées,
elles pouvoient sortir; elles préférèrent partager
leur captivité; et lorsque le décret qui expulsoit
de Paris la caste nobiliaire les força de s'en sé-
parer, elles versèrent des torrents de larmes;
et tous les jours dans ces campagnes, où elles
jouissoient d'un air plus pur, on les entendit
regretter l'insalubrité de l'horrible demeure d'où
la violence les avoit arrachées.

On a vu également madame Grimoard, main-
tenant madame Potier, témoigner à sa mère,
madame Lachabeaussière, le plus touchant em-
pressement. Elle avoit été envoyée dans une
prison différente; elle sollicita, quoiqu'enceinte,
sa translation à Port-Libre, pour être auprès de
sa mère, et lui rendre tous ses soins; mais elle
la trouva enfermée au secret, et traitée avec la
plus grande barbarie. Témoin de cette cruauté,
elle en fut tellement affectée que son esprit
s'aliéna par intervalles; elle devint la Nina de la
nature. Elle négligeoit le soin de se parer, ses
cheveux flottoient toujours épars. Dans son éga-
rement, qui attendrissoit tous les cœurs, tantôt,
fixée à une place, ses yeux se promenoient au-

tour d'elle, et ne voyoient personne, son sein
exhaloit des gémissements, sa figure et son corps
se tourmentoient de convulsions ; tantôt elle se
levoit avec précipitation, parcouroit les corri-
dors, alloit s'asseoir sur les degrés de la porte
du cachot de sa mère. Là, elle écoutoit long-
temps ; et, si aucun bruit ne frappoit son oreille,
elle soupiroit, elle pleuroit, elle s'écrioit dou-
loureusement et à demi-voix : *O ma mère! ma
tendre, ma malheureuse mère!* Si elle l'entendoit
marcher ou faire quelques mouvements, elle
s'entretenoit avec elle, et, pour prolonger le
pénible plaisir de cette conversation, elle restoit
des heures entières étendue sur le seuil. Elle ne
se bornoit point à des paroles, elle portoit tous
les jours à sa mère une partie de sa subsistance :
c'étoit lui porter la vie, car souvent on oublioit
cette infortunée. Mais lorsqu'elle venoit de-
mander au geôlier l'ouverture du cachot, par
combien de refus grossiers, de propositions dé-
goûtantes, d'insolentes plaisanteries, il falloit
l'acheter! N'importe, elle souffroit tout pour
offrir quelque nourriture à sa mère, pour l'em-
brasser quelques instants. On eût dit que la

sollicitude maternelle avoit passé tout entière dans l'ame de cette fille sensible.

Le même éloge est dû à mademoiselle Delleglace. Son père, envoyé d'un cachot de Lyon à la Conciergerie, partoit pour Paris. Elle ne l'avoit pas quitté ; elle demanda au conducteur d'être admise dans la même voiture. Elle ne put l'obtenir ; mais le cœur connoît-il des obstacles ? Quoiqu'elle fût d'une constitution très foible, elle fit le chemin à pied ; elle suivit pendant plus de cent lieues le chariot où M. Delleglace étoit traîné, et ne s'en éloignoit que pour aller dans chaque ville lui préparer des aliments, et, le soir, mendier une couverture qui facilitât son sommeil dans les différents cachots qui l'attendoient. Elle ne cessa pas un moment de l'accompagner et de veiller à tous ses besoins, jusqu'à ce que la Conciergerie les eût séparés. Habituée à fléchir les geôliers, elle ne désespéra point de désarmer des oppresseurs. Pendant trois mois elle implora tous les matins ceux des membres du comité de salut public qui avoient le plus d'influence, et finit par vaincre leurs refus. Elle reconduisoit son père à Lyon, fière de l'avoir délivré : mais le ciel ne lui permit pas de jouir de son ouvrage. Elle tomba malade dans la route, épuisée de l'excès de fatigue à laquelle elle s'étoit livrée, et perdit la vie, qu'elle avoit sauvée à l'auteur de ses jours.

Mademoiselle de La Rochefoucauld montra autant de courage pour son père. Elle avoit été condamnée avec lui dans la guerre de la Vendée : mais elle sut le dérober à l'exécution. Elle le cacha chez un artisan, jadis leur domestique, et chercha ailleurs un asile pour elle. Tous deux vivoient ainsi à l'abri des bourreaux : mais comme leurs biens étoient confisqués, et que la pitié est prompte à se lasser, leurs ressources s'épuisèrent en peu de temps. Mademoiselle de La Rochefoucauld apprend que son père va succomber au besoin : réduite à la même extrémité, et ne pouvant le secourir, elle se dévoue pour lui. Un général républicain passoit alors dans la ville où elle s'étoit réfugiée : elle l'instruit dans la lettre la plus pathétique de la situation déplorable de son père, et lui offre de se présenter pour subir l'arrêt prononcé contre elle, s'il s'engage à donner un prompt secours à ce vieillard expirant. Le guerrier vole la trouver : mais ce n'est pas un ennemi qu'elle voit en lui, c'est un protecteur. Il secourut le père, sauva la fille, et, après le 9 thermidor, les fit rentrer dans leur fortune en obtenant la révision de leur jugement.

Le trait de la jeune Bois-Béranger est aussi admirable, et peut-être encore plus attendrissant. Sa mère, son père, et sa sœur, avoient reçu leur acte d'accusation; elle seule sembloit avoir été oubliée des meurtriers de sa famille. Combien cette funeste préférence lui coûta de larmes! Elle disoit, dans son désespoir: *Je suis donc condamnée à vous survivre! nous ne mourrons pas ensemble!* Elle s'arrachoit les cheveux; elle embrassoit tour-à-tour sa mère, sa sœur, son père; elle les baignoit de ses pleurs, et répétoit avec amertume: *Nous ne mourrons donc pas ensemble!* L'acte d'accusation si desiré arrive; plus de regrets, plus de larmes: elle fait éclater les transports de la joie. Elle embrasse de nouveau ses parents, en s'écriant: *Nous mourrons ensemble!* On eût dit qu'elle tenoit dans ses mains leur liberté et la sienne. Elle se para comme pour un jour de fête; elle coupa elle-même les tresses de sa belle chevelure. Au sortir de la Conciergerie elle pressoit dans ses bras sa malheureuse mère, dont l'abattement étoit le seul chagrin qu'elle éprouvoit; enfin elle soutint jusqu'à l'échafaud son courage affoibli. *Consolez-vous*, lui disoit-elle, *consolez-vous; n'êtes-vous pas heureuse? Vous n'emportez pas le moindre regret dans le tombeau; toute votre famille vous accompagne, et vous allez recevoir la récompense que méritent vos vertus.*

Il est plusieurs femmes à qui l'humanité seule inspira ce noble mépris de la vie, que d'autres montrèrent par attachement à des liens sacrés.

Quelque temps après le 31 mai, M. Lanjuinais, mis hors la loi, vint se réfugier à Rennes, chez sa mère qui n'avoit à son service qu'une ancienne femme-de-chambre. Il crut devoir déguiser la vérité à cette dernière; mais un jour il lit dans les papiers publics que le député Guadet a été exécuté à Bordeaux, et que l'on a enveloppé dans sa proscription tous ceux de ses amis qui l'avoient reçu, et même les domestiques qui n'avoient pas déclaré son asile. M. Lanjuinais voit le péril où sa présence jette la femme attachée à sa mère; et il se décide, au risque de sa vie, à l'y soustraire. Il lui révèle sa position, l'avertit de ce qu'elle doit craindre, et l'engage

à s'éloigner, en lui recommandant le silence.
Elle lui répond qu'elle ne l'abandonnera pas
quand il est en danger, et qu'il lui importe peu
de mourir si elle doit le perdre. Il lui fait des
représentations : toutes sont inutiles : elle ré-
clame avec instance le bonheur de rester près
de ses maîtres jusqu'au dernier moment. Lan-
juinais, pénétré, se laissa vaincre, et parvint à
gagner, par l'adresse de cette femme, l'époque
de la chute de Roberspierre, où elle recueillit,
dans le salut du fils de sa maîtresse, le prix de
sa vertueuse-obstination.

Marie, servante dans une maison d'arrêt de
Bordeaux, inspira de la confiance à deux jeunes
gens par la douceur avec laquelle elle traitoit
ceux qui y étoient enfermés. Ils s'adressèrent à
elle pour s'évader. Elle consentit à leur en four-
nir les moyens. Au moment de sortir, ils lui of-
frirent chacun un assignat de cinq cents francs
comme un témoignage de leur reconnoissance.
Elle s'en offensa, et leur dit : *Vous ne méritez
pas que je vous sois utile, puisque vous m'esti-
mez assez peu pour imaginer qu'un vil intérêt me
guide.* Ils eurent beau lui faire observer qu'ils
ne lui proposoient cette somme que pour qu'elle

échappât sans craindre les besoins, si elle étoit
soupçonnée d'avoir participé à leur fuite; ils vi-
rent bientôt qu'il falloit ou ne plus lui parler
d'argent, ou renoncer à accepter son secours. Ils
s'abandonnèrent enfin à elle, en lui demandant
quel gage ils pouvoient lui laisser de leur sensi-
bilité : *Embrassez-moi*, leur répondit-elle, *je
ne veux pas d'autre récompense.*

Dans la ville de Brest, un inconnu entra chez
madame Ruvilly pour lui demander un asile
contre la proscription. C'étoit un vieillard de
quatre-vingts ans. Née avec une ame compatis-
sante, elle ne s'informa pas de son existence,
elle n'examina pas le danger qu'il lui apportoit;
il étoit malheureux, ce titre lui suffit : elle s'em-
pressa de le cacher, et lui prodigua les soins les
plus attentifs. Deux jours après, le vieillard vient
prendre congé d'elle. Madame Ruvilly, qui avoit
eu la délicatesse de ne pas le questionner, lui té-
moigne sa surprise. Il lui avoue qu'il est prêtre,
et que, voué par ce nom seul à la persécution,
il craint qu'un plus long séjour ne l'attire sur elle.
Souffrez, poursuit-il, *qu'en m'éloignant, je
vous délivre du danger de m'avoir recueilli, et
m'épargne à moi-même la douleur de vous en-*

traîner dans ma ruine.—*Mais dans quel lieu vous retirerez-vous?* lui dit madame Ruvilly. *Dieu y pourvoira*, répond-il. *Quoi! s'écrie-t-elle, vous n'avez pas de retraite, et vous voulez que je vous laisse partir! Non : plus votre état vous expose, plus vous m'intéressez. Attendez, de grace, dans cette maison un moment plus tranquille.* Le vieillard refusa ; et, malgré les instances les plus vives, resta vainqueur dans ce combat de générosité. Madame Desmarets, sœur de madame Ruvilly, se trouvoit alors chez cette dernière ; elle fut témoin de cette scène touchante, et garda le secret. Mais la tyrannie a les yeux toujours ouverts ; elle surprit bientôt les traces de cet acte hospitalier. Madame Ruvilly s'applaudit devant ses juges du service qu'elle avoit rendu, et ne parut affligée que de voir sa sœur condamnée avec elle pour ne l'avoir pas dénoncée. Ces deux femmes subirent leur sort, fières d'être punies pour une action généreuse.

Madame Payssac, habitante de Paris, fit plus que donner l'hospitalité, elle l'offrit. L'estimable Rabaud de Saint-Étienne fut mis hors la loi après le 31 mai ; madame Payssac vint lui proposer un asile dans sa maison. En vain il lui fit sentir l'étendue des dangers où il la jetteroit en acceptant : elle insista avec toute l'énergie d'une belle ame, et parvint à triompher de ses refus. Cependant il fut découvert chez elle ; et, bientôt après, elle le suivit au supplice avec le courage qu'elle avoit montré lorsqu'elle en affronta le péril.

Le célèbre Condorcet étoit poursuivi à cette affreuse époque. Une femme de ses amies lui fit également la proposition de le cacher. Il refusa en s'écriant : *Vous seriez hors la loi!—Eh!* reprit-elle, *suis-je hors l'humanité?* Cette réponse ne le détermina pas. Quelque temps après, on le trouva tué de ses propres mains dans un village voisin de Paris.

Madame Le Jay réussit mieux ; elle recueillit M. Doulcet de Pontécoulant, et son zèle fut si ingénieux qu'elle sauva sa vie et la sienne.

La nièce d'un sacristain de Bruxelles eut le même bonheur, en secourant un Français qui s'y étoit réfugié dans nos jours sanguinaires. C'étoit après la bataille de Fleurus, lorsque nos troupes rentrèrent dans la Belgique. Menacé d'être pris dans Bruxelles, il fuyoit ; une jeune fille, assise devant une porte, et entraînée par le

seul intérêt qu'inspire un malheureux, l'arrêta
en lui criant : *Vous étes perdu, si vous allez plus
loin !* — *Si je retourne, je le suis également !*
— *Hé bien !* reprit-elle, *entrez ici.* Il accepta.
Après lui avoir appris qu'elle le recevoit dans la
maison de son oncle, qui ne lui permettroit pas
de le sauver s'il en étoit instruit, elle le conduisit
dans une grange où il se cacha. A peine il faisoit
nuit, que quelques soldats vinrent s'y livrer au
sommeil. La nièce les suivit sans en être aper-
çue : et, dès qu'ils furent endormis, elle en pro-
fita pour tirer le Français de ce lieu trop peu
sûr ; mais comme il s'échappoit, un d'eux se ré-
veilla, et le saisit par la main. A ce mouvement
elle s'élança entre eux, en disant : *Lâchez-moi
donc ! c'est moi qui viens....* Elle n'eut pas besoin
d'achever ; le soldat, trompé par la voix d'une
femme, abandonna son captif. Elle mena ce der-
nier jusqu'à sa chambre ; là, elle prit les clefs de
l'église, et, une lampe à la main, elle la lui ou-
vrit. Ils arrivèrent à une chapelle que les ravages
de la guerre avoient dépouillée de ses orne-
ments. Derrière l'autel étoit une trappe difficile
à apercevoir. Dès qu'elle l'eut levée : « Vous
« voyez, lui dit-elle, cet escalier sombre, c'est

« celui d'un caveau qui renferme les restes d'une
« famille illustre ; il est probable que l'on ne
« vous soupçonnera pas dans ce lieu. Ayez le
« courage d'y demeurer jusqu'à ce qu'il se pré-
« sente un moment favorable à votre évasion. »
Il ne balance pas ; il descend avec confiance. O
surprise ! les premiers objets qu'il aperçoit, à la
clarté de la lampe, sont les armes de sa famille,
originaire de ce pays ! il reconnoît les tombeaux
de ses aïeux ! Il les salue avec respect ; il touche
avec attendrissement ces marbres chéris. La
nièce le laisse au milieu de ces impressions.
Leur douceur, et sur-tout l'espérance de retrou-
ver une épouse qu'il adoroit, lui firent oublier
quelque temps l'horreur de son habitation ; mais
deux jours s'étoient passés, et il ne voyoit pas
revenir sa libératrice. Il ne sut qu'imaginer ; tan-
tôt il craignoit qu'elle n'eût été la victime de ses
services ; tantôt il trembloit qu'elle ne l'eût ou-
blié. Le besoin de la faim se joignit à ces idées
effrayantes ; et il n'eut plus devant les yeux que
l'image d'une mort plus horrible que celle qu'il
avoit évitée. Ses forces s'épuisèrent ; il tomba
presque sans connoissance sur le cercueil d'un
de ses ancêtres. Cependant un bruit se fit enten-

·dre; c'étoit la voix de la sensible nièce qui l'ap-
peloit; accablé par la joie comme par la foi-
blesse, il ne put répondre; elle le crut mort, et
laissa retomber la trappe en gémissant. Le mal-
heureux épouvanté fit un effort, poussa un grand
cri; elle l'entendit, et accourut. Elle se hâta de
lui présenter des aliments, lui expliqua la cause
de ses retards, et l'assura que ses précautions
étoient si bien prises, que désormais elle ne lui
en feroit plus éprouver. Elle venoit de le quitter
lorsqu'un cliquetis d'armes frappa son oreille;
elle rentra précipitamment dans le caveau, en
recommandant au Français de garder le silence.
C'étoient en effet des hommes armés que le sacris-
tain, accusé d'avoir introduit un émigré dans
l'église, et ignorant l'imprudence de sa nièce, y
conduisoit pour qu'ils fissent leurs perquisitions.
Rien n'échappa à leurs regards, ils visitèrent par-
tout; ils marchèrent même sur la fatale trappe.
Quel moment pour les deux captifs! Chaque pas
qui l'ébranloit répondoit à leur cœur, et leur
sembloit être l'approche de leur dernier moment.
Cependant le bruit s'éloigna peu-à-peu, et finit
par se dissiper entièrement. La nièce sortit en-
core inquiète, parcourut l'église, y trouva une

9.

profonde solitude, revint rassurer le Français
alarmé, et se retira. Le lendemain, les jours sui-
vants, elle lui apporta exactement sa nourri-
ture : il resta ainsi long-temps dans ce souterrain
sous la garde de cette fille attentive. Un moment
de tranquillité arriva ; elle l'en avertit. Il dit un
adieu tendre et respectueux aux mânes de ses
ancêtres qui l'avoient protégé, sortit de ce tom-
beau vivant, gagna la campagne, et rejoignit
bientôt une épouse dont la présence et l'amour
lui firent encore plus apprécier le bienfait de sa
généreuse libératrice.

Page 34, vers 16.

Pour les jours d'un époux vertueuse adultère.

Ce n'est point une exagération poétique, c'est
encore la vérité. Que l'on consulte sur-tout les
procès de Carrier et de Joseph Lebon, on s'assu-
rera que plusieurs femmes furent obligées, pour
racheter la vie d'un père ou d'un mari, de s'a-
bandonner à la lubricité de ces barbares : et je
crois que rien ne mérite plus le nom de vertu
que ce sacrifice de la vertu même, que ce sup-
plice effroyable d'assouvir pour le salut d'un ob-

jet chéri les transports de monstres dégouttants de meurtres et de forfaits.

Page 35, vers 2.

Sombreuil vient, éperdue, affronter le carnage.

Cette belle action de mademoiselle de Sombreuil au milieu des massacres de septembre est trop connue pour que j'entre dans de longs détails. Il est juste pourtant que je rappelle ici comme une nouvelle preuve de son dévouement un fait que je n'ai pu placer dans mes vers. Un des meurtriers mit à la délivrance de M. de Sombreuil la condition qu'elle boiroit un verre de sang. L'amour filial lui donna la force de céder à cette horrible proposition. Depuis cette époque, mademoiselle de Sombreuil eut des convulsions fréquentes, et dont le retour étoit régulier. Elle n'en fut pas moins attentive pour son père; elle partagea ses fers lorsqu'il fut réincarcéré pendant la Terreur. La première fois qu'elle parut devant les autres prisonniers, tous les yeux se fixèrent sur elle et se remplirent de larmes; elle reçut de tous les cœurs le prix que l'on doit à la vertu. M. Coëttant la célébra dans une romance touchante. Madame de Rosambo lui adressa un mot qui les honore l'une et l'autre. Elle sortoit de la prison avec le vénérable Malesherbes pour paroître au tribunal; elle aperçoit mademoiselle de Sombreuil : *Vous avez eu*, lui dit-elle, *la gloire de sauver votre père, et moi j'ai la consolation de mourir avec le mien.*

La fille de l'estimable Cazotte [1] l'arracha aussi aux égorgeurs des prisons. Comme ce trait a fait moins de bruit que l'autre, il n'est pas indifférent que j'en développe les circonstances.

Quelques jours avant le 2 septembre, mademoiselle Cazotte, mise à l'Abbaye avec son père, fut reconnue innocente; mais elle ne voulut pas l'y laisser seul et sans secours : elle obtint la faveur de rester auprès de lui. Arrivèrent ces journées effroyables qui furent les dernières de tant de Français. La veille, mademoiselle Cazotte, par le charme de sa figure, la pureté de son ame, et la chaleur de ses discours, avoit su intéresser des Marseillais qui étoient entrés dans l'intérieur de l'Abbaye. Ce furent eux qui l'aidèrent à sauver ce vieillard : condamné après trente heures

[1] Auteur d'ouvrages fort ingénieux, tels qu'*Ollivier*, *le Diable amoureux*, etc.

de carnage, il alloit périr sous les coups d'un groupe d'assassins; sa fille se jette entre eux et lui, pâle, échevelée, et plus belle encore de son désordre et de ses larmes: *Vous n'arriverez à mon père*, disoit-elle, *qu'après m'avoir percé le cœur*. Un cri de grace se fait entendre; cent voix le répètent; les Marseillais ouvrent le passage à mademoiselle Cazotte, qui emmène son père, et vient le déposer dans le sein de sa famille. Cependant sa joie ne fut pas de longue durée. Le 12 septembre, elle le voit jeter une seconde fois dans les fers. Elle se présente à la Conciergerie avec lui; la porte, ouverte pour le père, est refusée avec dureté à la fille. Elle vole à la Commune et chez le ministre de l'intérieur, et, à force de larmes et de supplications, leur arrache la permission de servir son père. Elle passoit les jours et les nuits à ses côtés, et ne s'éloignoit de lui que pour intéresser ses juges en sa faveur, ou pour disposer des moyens de défense. Déja elle s'étoit assurée de ces mêmes Marseillais auxquels elle fut si redevable dans son premier danger; déja elle avoit rassemblé des femmes qui lui avoient promis de la seconder: elle commençoit enfin à espérer, lorsqu'on vint la

mettre au secret. Son zèle s'étoit fait tellement
redouter des adversaires de son père qu'ils n'a-
voient trouvé que ce moyen pour qu'il ne pût
leur échapper une seconde fois. En effet, ils
égorgèrent pendant l'absence de sa fille cet
homme qu'auroient dû faire respecter son grand
âge, ses talents, et ce spectacle effrayant de la
mort qui, dans les horreurs de septembre, avoit
plané trente heures sur sa tête. Mademoiselle
Cazotte n'apprit qu'en devenant libre une perte
si cruelle : on conçoit l'étendue de sa douleur.
Elle n'eut d'autre consolation que d'adoucir les
chagrins de sa mère, et elle se livre encore à ce
devoir avec toute la délicatesse des sentiments
dont la nature l'a douée.

Lorsque la pensée s'arrête sur nos massacres
révolutionnaires, et principalement sur le ré-
gime de la Terreur où le meurtre régna quatorze
mois parmi nous, il est difficile de ne pas se rap-
peler les temps de Marius et de Sylla, qui furent
aussi une des époques les plus fatales à l'huma-
nité. Lucain a fait, dans sa Pharsale, la peinture
de leurs proscriptions. J'ai tenté une traduction
libre et abrégée de ce passage de son poème : je
vais la transcrire. Peut-être ce tableau ne sera

pas sans intérêt; puisqu'on y trouvera plus d'un
rapport avec les-crimes dont nous avons été les
témoins [1].

(*C'est un vieillard qui parle, effrayé de l'approche*
de César.)

Je les revois, dit-il à ses fils éperdus,
Ces jours de deuil, ces temps où le fier Marius,
Ce vainqueur des Teutons, chassé de l'Italie·,
Cacha dans les marais sa tête ensevelie;
Et, bientôt découvert sous leurs impurs roseaux·,
De cet abri fangeux passa dans les cachots.
D'avance il subissoit la peine de ses crimes.
Né pour finir·ses jours, sur un tas de victimes,
Dans Rome, que ses mains oseront embraser·,
Le trépas qu'il attend semble le refuser.
Un Cimbre, en sa prison, pour l'immoler s'avance;
Il recule à l'aspect du héros sans défense;
Il fuit : il a cru voir, sous ces murs ténébreux,
Des éclairs redoublés jetant un jour affreux,
Des esprits infernaux toute la troupe impure,
Et Marius déja dans sa grandeur future..
Une voix l'a frappé : « Respecte Marius,.
« Cimbre; à ton bras obscur ses jours ne sont pas dus.

[1] Cette traduction a paru dans l'*Almanach des*
Muses de l'an IV, 1796.

« Avant de pénétrer dans le royaume sombre .

« Il faut que d'autres morts y précèdent son ombre.

« Respecte Marius ; les peuples égorgés

« En lui laissant le jour seront bien mieux vengés. »

Son sort change en effet : affranchi de ses chaines ,

Il erre quelque temps sur des plages lointaines.

Il parcourt la Libye , et les bords habités

Par ces peuples sans frein qu'il a jadis domptés ;

Il foule aux pieds Carthage et sa cendre immortelle .

Et , comme elle abattu , se console avec elle.

C'est là qu'enfin les dieux relèvent son destin.

Le bruit de ses revers enflamme l'Africain.

Son grand nom , sa valeur à vaincre accoutumée ,

D'esclaves , de brigands , lui donnent une armée :

Il ne veut que des cœurs dans les forfaits vieillis ;

Et les plus criminels sont les mieux accueillis.

Quel fut ce jour, marqué par tant de funérailles ,

Où Marius vainqueur entra dans nos murailles !

La mort voloit par-tout. L'un sur l'autre étendus ,

La noblesse et le peuple expirent confondus ;

Sur leurs têtes au loin le glaive se promène.

Plus de respect pour l'âge ; une foule inhumaine

Égorge le vieillard qui se traîne au tombeau ,

Et l'enfant malheureux couché dans son berceau.

L'enfant ! du jour à peine il voyoit la lumière !

Qu'a-t-il fait pour mourir en ouvrant la paupière ?

Il le peut, c'est assez, du soldat menaçant
La fureur le rencontre, et l'immole en passant.
Elle frappe au hasard, elle entasse les crimes,
Dans le barbare effroi de manquer de victimes.
De morts et de mourants les temples sont jonchés;
Sous des ruisseaux de sang les chemins sont cachés;
Et, grossi par leurs eaux, sur sa rive fumante,
Le Tibre épouvanté roule une onde sanglante.
Sur qui pleurer au sein des publiques douleurs?
Ah! recevez du moins nos regrets et nos pleurs,
Proscrits, qu'a distingués une grande infortune;
Licinius, traîné mourant dans la tribune;
Bæbius, dont leurs bras, de carnage enivrés,
Partagèrent entre eux les membres déchirés;
Toi, sur-tout, qui prédis ces maux à l'Italie,
O vieillard éloquent, dont la tête blanchie,
Portée à Marius par tes vils assassins,
Orna, sanglante encor, ses horribles festins.
Rome a récompensé Marius qu'elle abhorre;
Pour la septième fois il est consul encore.
Il meurt, ayant atteint dans ses jours agités
Le comble des revers et des prospérités,
Porté, par les destins contraires et propices,
Au faîte des grandeurs, du fond des précipices.

Sylla revint dans Rome, et, lui rouvrant le flanc,
Vengea le sang versé, par des fleuves de sang.

12.

Victimes et bourreaux, tous étoient des coupables.
C'est alors qu'on dressa ces odieuses tables
Où l'airain criminel, des têtes des proscrits,
Offroit, en traits de sang, et les noms et le prix.
A ce signal de mort, les haines personnelles
Remplissent sans danger leurs vengeances cruelles;
Et le brigand armé, qui se croit tout permis,
Frappe au nom de Sylla ses propres ennemis.
L'esclave, las du joug, assassine son maître;
Le père ouvre le flanc du fils qu'il a fait naître;
Le frère meurtrier vend le sang fraternel;
Les fils, tout dégouttants du meurtre paternel,
Pour l'offrir à Sylla, dans leur fureur avide,
Se disputent entre eux une tête livide.
Les proscrits vainement s'éloignent à grands pas.
Les uns, dans les tombeaux croyant fuir le trépas,
Le retrouvent bientôt sous ces marbres funèbres,
Dans l'air empoisonné de leurs mornes ténèbres;
Les autres, se cachant dans des antres secrets,
Vont servir de pâture aux monstres des forêts :
Quelques uns, dans l'orgueil d'un désespoir extrême,
Pour dérober leur mort, se poignardent eux-mêmes;
Mais leurs restes sanglants sont encore frappés
Par des bras, furieux qu'ils leur soient échappés,
Les vainqueurs, échauffés par leurs forfaits rapides,
Volent sur mille morts à d'autres homicides;
Femmes, enfants, vieillards, sous leurs coups ont péri;

Et le peuple tremblant voit, d'un œil attendri,
Sur des piques, de sang et de pleurs arrosées,
Des plus grands citoyens les têtes exposées;
Et ne peut, quand sa main veut dresser leurs tombeaux,
De leurs membres épars rassembler les lambeaux.

A ce spectacle affreux, Sylla, fier, immobile,
Du haut du Capitole, avec un front tranquille,
Dans nos murs, où sa rage envoyoit le trépas,
Du geste et de la voix anime ses soldats;
Et hâte, sans pâlir des crimes qu'il consomme,
Dans les derniers Romains la ruine de Rome.
C'est par tous ces forfaits que, d'un lâche sénat,
Il mérita le nom de Père de l'état.
Mais enfin, las du soin d'égorger ses victimes,
Il abdiqua ce rang payé par tant de crimes;
Et dans Tibur, au sein d'un repos fastueux,
Il mourut de la mort des hommes vertueux.

Page 36, vers 20.

· · · · · · la joueuse, l'avare,
L'altière au cœur d'airain, la folle au cœur bizarre.

Ce sont là quelques uns des défauts que Boileau reproche aux femmes dans sa dixième satire.

Page 37, vers 4.

Vous m'offrez Éryphile et sa fourbe adultère,
Les fureurs dont Médée épouvanta Colchos,
Le crime qui souilla les femmes de Lemnos.

Éryphile étoit l'épouse du devin Amphiaraüs,
l'un des sept chefs au siège de Thèbes. Amphia-
raüs lui avoit confié que, s'il alloit à cette guerre,
il y périroit; et il se cacha pour éviter son sort.
Éryphile, séduite par un présent de Polynice,
lui découvrit son asile et fut ainsi la cause de
sa mort.

Médée, avant de fuir avec Jason, massacra
son frère Absyrte, et dispersa ses membres sur
la route, pour arrêter la poursuite de son
père.

Les Lemniennes, ayant appris que leurs époux,
partis pour une expédition lointaine, s'étoient
unis à d'autres femmes, les égorgèrent tous à
leur retour.

Page 37, vers 9.

. . . . . . l'affreuse Médicis
Au meurtre des Français encourageant son fils.

Il est question de la trop fameuse Catherine de Médicis, mère de Charles IX. On sait que c'est elle qui lui inspira la Saint-Barthélemi.

LES SOUVENIRS.

Desenne del.   Pauquet, fils sculpsit.

Ô mon père ! ton front vénérable et chéri
Se peint dans plus d'un songe à mon œil attendri.

LES SOUVENIRS

ou

LES AVANTAGES DE LA MÉMOIRE.

Sur l'immortel sommet de la double colline
Tu créas la Mémoire, auguste Mnémosyne ;
Je chante tes bienfaits ; souris à mes accords.

La Mémoire en effet est un de nos trésors :
Par elle, on ressaisit les heures, les années,
Dans la fuite du temps tour-à-tour entraînées ;
Par elle, le passé redevient le présent.
Eh ! jetant sur ses jours un regard complaisant,
Qui n'aime à remonter le fleuve de la vie !
Qui n'aime à voir, devant son ame recueillie,
Comme un mouvant tableau, repasser lentement
Ses instants de plaisir, et même de tourment!
Il semble que du temps on arrête la trace ;
On croit joindre à ses jours tous ceux qu'on se retrace ;
Et de leur cours rapide on se sent consolé.
Regardez ce vieillard sous les ans accablé ;
Si l'on oublioit tout, sa voix foible et tremblante

Ses yeux appesantis, sa marche défaillante,
De la mort à son ame offriroient le tableau ;
Mais, grace aux Souvenirs, du bord de son tombeau
Rejetant à son gré ses regards en arrière,
Il revient sur ses jours, et rouvre sa carrière :
Il s'entoure des biens qu'il goûta si long-temps ;
Sa vieillesse sourit aux jeux de son printemps ;
Et, dans l'illusion dont son ame est ravie,
Il repousse sa tombe et s'attache à la vie.

C'est peu de rajeunir le vieillard étonné ;
Les Souvenirs aussi charment l'infortuné.
Un riche, du destin éprouvant l'inconstance,
Est-il de sa splendeur tombé dans l'indigence ;
Si de nos parvenus il n'eut pas la hauteur,
Si du foible toujours il fut le protecteur,
Si le mérite obtint ses secours, ses hommages,
Qu'il reporte les yeux sur ces douces images :
Il se croit riche au moins de ses nombreux bienfaits,
Et reste heureux encor des heureux qu'il a faits.
L'homme sent-il un voile épaissi sur sa vue ;
D'un immense horizon l'imposante étendue,
Le pourpre de l'aurore, et le cristal des eaux,
Les trésors des jardins, des guérets, des coteaux,
Tout se couvre à ses yeux d'une ombre universelle ·
La Mémoire lui reste, il revoit tout par elle.

La Mémoire à l'amant solitaire, éploré,
Fait retrouver l'objet dont il est séparé.
Voyez Saint-Preux contraint d'abandonner Julie :
Il court porter sa flamme et sa mélancolie
Dans les monts du Valais, sur ces sommets déserts
Dont les fronts escarpés se perdent dans les airs.
Leur immense hauteur, ces roches menaçantes,
Ces gouffres entr'ouverts, ces ondes mugissantes,
Ce tonnerre roulant dans l'horizon lointain,
Le deuil de l'if lugubre et du sombre sapin,
Des voraces oiseaux les cris lents et funèbres,
Ce brouillard plus affreux encor que les ténèbres,
Et de ces vieux glaçons la sinistre pâleur,
Tout répond à son ame, et parle à sa douleur ;
Son œil désespéré, de la plus haute cime,
Trouve un plaisir cruel à plonger dans l'abyme ;
Il est près d'y tomber, fatigué de souffrir ;
Mais il nomme Julie, et ne veut plus mourir.
Julie !... à ses côtés en esprit il l'appelle ;
Il ne fait plus un pas qu'il ne marche avec elle :
Avec elle il franchit les rochers et les monts ;
Avec elle il descend dans les riants vallons.
Trouve-t-il un bosquet ; ce bosquet dans son ame
Du baiser de *Clarens* a réveillé la flamme.
Un paisible hameau s'offre-t-il à ses yeux ;
Il songe à ce *Chalet* qui dut le rendre heureux.

Lit-il sur un ormeau des lettres enlacées ;
Tout-à-coup se présente à ses tendres pensées
Chaque arbre confident, où, dans un doux lien,
Au chiffre de Julie il enchaîna le sien.
Julie enfin dans tout est l'objet qu'il admire ;
Il la voit dans les fleurs, l'entend dans le zéphire :
Par ce prestige heureux, la rapprochant de lui,
Il trompe son exil, il charme son ennui,
Savoure du bonheur l'ivresse renaissante,
Et remplit les déserts de sa maîtresse absente.

Mais sur l'homme assoupi Morphée est descendu ;
Sa paupière est fermée, et son corps étendu.
Qui remplira le vide où le sommeil le plonge ?
Les Souvenirs portés sur les ailes d'un songe.
Dans ces tableaux trompeurs, par eux seuls animés,
Il reprend ses travaux, ses jeux accoutumés.
Le berger endormi tient encor sa houlette,
Le poëte son luth, le peintre sa palette ;
L'ami des champs croit voir les prés et les vallons,
Et d'un pied fantastique il foule les gazons ;
Le chasseur presse et frappe un cerf imaginaire ;
Le guerrier d'un vain bronze affronte le tonnerre ;
L'amant, entre ses bras retenant la beauté,
Sur un lit idéal rêve la volupté ;
Enfin l'ami, qui pleure une perte cruelle,

Reconnoît en dormant, dans une ombre fidèle,
Son ami qui mourut, et lui semble vivant.
O toi, que ma douleur appelle si souvent,
Et qui, perdu trop tôt pour le fils le plus tendre,
Ne me laissas de toi que ton nom et ta cendre;
O mon père! ton front vénérable et chéri
Se peint dans plus d'un songe à mon œil attendri.
Dans plus d'un songe encor, ton aimable sagesse
Aux utiles travaux invite ma jeunesse,
Rend à mon cœur charmé tes leçons, tes vertus;
C'est ta voix que j'entends, hélas! et tu n'es plus!
Pourquoi dans ton aspect n'ai-je vu qu'un prestige?
Et toi, dont chaque jour l'horrible mort m'afflige,
Toi, dès mes premiers ans ô mon plus tendre ami,
Qui, périssant si jeune en ce temps ennemi
Où la Terreur hideuse ensanglantoit la France,
D'un orateur futur emportas l'espérance,
Que de fois je t'embrasse, au milieu de la nuit,
Dans ces fantômes vains que son ombre produit!
Là, de nos entretiens je retrouve les charmes;
Nous nous contons nos vœux, nos plaisirs, nos alarmes;
Nous nous disons nos plans, nos veilles, nos travaux;
Nous lisons ces écrits qui n'ont point de rivaux;
Et, de nos goûts toujours gardant le caractère,
Tu me vantes Rousseau, je te vante Voltaire;
Et, renouant les nœuds dont mon cœur fut lié,

Je sens l'attrait des arts au sein de l'amitié.
Songes heureux! faut-il qu'en rouvrant mes paupières
Le jour m'enlève, hélas! de si douces chimères!
Quand mon sommeil ranime un des morts que j'aimois,
Je voudrois près de lui ne m'éveiller jamais!
Ainsi de mille objets l'image retracée,
Quand les yeux sont fermés, fait veiller la pensée,
Et, du sommeil oisif venant remplir le cours,
Reproduit nos plaisirs, et prolonge nos jours.

Les Souvenirs encore ont une autre puissance;
Ils donnent le bonheur de la reconnoissance ·
Nous cherchons les mortels qui pour nous ont tout fait;
L'aspect d'un bienfaiteur est un second bienfait.
Oui, de tous nos penchants la Mémoire est la cause ·
De mes soins les plus doux si mon ami dispose,
C'est que je dis tout bas, alors que je le voi,
Voilà l'être qui souffre ou jouit avec moi!
Pourquoi le fils sensible, en abordant sa mère,
Éprouve-t-il toujours un charme involontaire?
C'est qu'il se dit : Son lait au berceau m'a nourri.
Qui voit là jeune Églé d'un œil plus attendri?
L'amant qui fut heureux, s'il porte un cœur fidèle :
Du bonheur qu'il obtint il palpite auprès d'elle;
Et quand elle se livre à ses nouveaux desirs,
Les plaisirs de la veille augmentent ses plaisirs.

Les arts, sur-tout, les arts sont fils de la Mémoire.
Quand ces peintres, dont Rome a préparé la gloire,
Ont voulu reproduire en leurs savants tableaux
Le courroux des autans qui soulèvent les flots,
Les éclats d'un volcan, le choc de deux armées,
Le vol de l'incendie aux ailes enflammées,
Les sillons de la foudre éclatant dans les cieux,
Ces grands objets alors étoient-ils sous leurs yeux?
Non, ils n'étoient présents qu'aux yeux de leur pensée.
Et ces nobles enfants d'Euripide et d'Alcée,
Tous ceux de qui les vers, si doux à retenir,
Ont captivé leur siècle et conquis l'avenir,
S'ils ont, sous des couleurs fidèles, éloquentes,
Tracé du cœur humain les passions brûlantes,
C'est qu'ils avoient senti ce qu'ils ont exprimé:
Pour bien peindre l'amour il faut avoir aimé.
J'en atteste ta gloire, ô grand homme, ô Racine!
Au théâtre attendri quand ta plume divine
Des tourments d'Hermione étonna les Français,
Tu portois dans ton cœur l'amour que tu traçois.
Long-temps pour Champmêlé plein d'une ardeur extrême,
Dans Oreste et Pyrrhus tu te peignis toi-même;
Tes vers, de ces amants exprimant les douleurs,
S'embrasoient de tes feux, se mouilloient de tes pleurs,
Et n'étoient, quand de Phèdre ils plaignoient la tendresse,
Que de nouveaux soupirs offerts à ta maîtresse.

On doit au Souvenir les vers et le pinceau.

Il fit plus ; de l'histoire il créa le flambeau.
Avant qu'on vît briller cette clarté féconde ,
Les temps se succédoient dans une nuit profonde ;
Les peuples, tour-à-tour par l'oubli dévorés,
Sur la terre passoient l'un de l'autre ignorés ;
Les grands évènements n'avoient point d'interprètes ;
Les débris étoient morts, et les tombes muettes :
L'histoire luit ; soudain les temps ont reculé ;
L'ombre a fui ; les tombeaux, les débris ont parlé ;
Les générations s'entendent et s'instruisent ;
Et de l'esprit humain les travaux s'éternisent.
O charmes de l'étude ! ô sublimes récits !
Dans quels transports le sage, à son foyer assis,
Suit les nombreux combats et d'Athène et de Rome ;
A travers deux mille ans applaudit au grand homme ;
Consulte l'orateur et le guerrier fameux ;
Partage les revers des peuples grands comme eux ;
Voit l'empire romain, sous le fer des Vandales,
De ses vils empereurs expier les scandales,
Et bientôt, déchiré par divers potentats,
Son cadavre fécond enfanter cent états ;
Retrouve en d'autres lieux sur la sanglante arène
Marcius dans Condé, Scipion dans Turenne,
Et, rempli des héros et des faits éclatants,

Ainsi que tous les lieux embrasse tous les temps!

Il est vrai, trop souvent pour une ame sensible
Des fastes de Clio la lecture est pénible.
Sous ses tristes pinceaux, les combats meurtriers
S'embellissent du moins de l'éclat des lauriers;
Mais lorsqu'elle décrit des villes inondées
Par des volcans en feu, par les mers débordées;
Mais lorsqu'elle dépeint ces empereurs sanglants,
Qui, plus cruels encor que les mers, les volcans,
Joignent la barbarie à la débauche immonde,
Et dans des coupes d'or boivent les pleurs du mo::de;
Lorsqu'elle montre enfin le mérite ignoré,
Et la vertu proscrite, et le crime honoré,
La superstition en devoir érigée,
La terre dans le sang au nom du ciel plongée,
Les sombres factions, et ce choc désastreux
Où tous les citoyens se déchirent entre eux,
On gémit de savoir tant de maux, tant de crimes;
On voudroit que l'oubli pût rouvrir ses abymes.
Vœux imprudents! du mal le souvenir affreux
Au souvenir du bien donne un prix plus heureux;
L'ame, sur les vertus qu'aux forfaits elle oppose,
Avec plus d'intérêt s'arrête et se repose.
Quand d'un Domitien, d'un Néron, d'un Caïus,
La présence nous pèse, ah! combien de Titus

11.

L'image en ce moment nous apparoît plus belle !
Qu'on aime à fuir Tibère auprès de Marc-Auréle !
Et lorsqu'en son courroux le Vésuve fumant
Engloutit Pompeia dans un gouffre écumaut,
Qu'il est doux d'observer, après un tel ravage,
Pétersbourg s'élevant sur un nouveau rivage,
Et de passer ainsi, dans un autre tableau,
De l'aspect d'une tombe à celui d'un berceau !
Que dis-je ? ces noms vils que l'histoire déploie
Nous attachent souvent : nous voyons avec joie
Que le crime ne peut, même après le remord,
S'absoudre et se cacher dans la nuit de la mort ;
Qu'il existe un vengeur, dont la main implacable
De sa tombe ébranlée arrache le coupable,
Et le traîne, honteux de sa triste clarté,
Devant le tribunal du lecteur irrité :
Notre voix lui reproche et sa vie et ses crimes ;
Nous aimons sur sa cendre à venger ses victimes.
Nous pardonnons aux dieux, puisque leur équité
Créa pour les pervers une immortalité ;
Et de ce châtiment terrible, inévitable,
Lui montre en ses succès l'image épouvantable,
Qui, tourmentant ses nuits, empoisonnant ses jours,
Comme un fer suspendu, le menace toujours.
Oh ! que les opprimés embrassent cette idée !
Comme elle consoloit mon ame intimidée

Dans ces jours de forfaits, où, creusant nos tombeaux,
Un vil tyran sur nous fit régner les bourreaux!
« L'impunité, disois-je, au meurtre en vain l'excite,
« Il est du moins puni lorsqu'il songe à Tacite!
« Il pâlit, effrayé de ce hardi pinceau
« Qui du crime à Néron sut imprimer le sceau,
« Et se voit, comme lui, par de mâles peintures
« Renaître tout sanglant chez les races futures. »
Je m'écriois : « Il souffre, et le ciel est absous! »

Mais n'est-il pour l'esprit, de s'instruire jaloux,
Que la voix de Clio? Non, grace à la Mémoire,
L'univers est encore une vivante histoire.
Que loin de ses foyers le savant élancé
Le parcoure; il voyage entouré du passé.
O champs de l'Apennin! ô fleuves d'Ausonie!
Cherchons-nous sur vos bords les sons de l'harmonie,
D'un éternel azur l'aspect délicieux,
Et ce peuple à-la-fois galant, religieux,
Qui, tout entier à Dieu comme aux tendres foiblesses,
Vit entre des chanteurs, un prêtre, et des maîtresses,
Et, de ses goûts divers esclave tour-à-tour,
Encense Polymnie, et le pape, et l'Amour?
Non, nous courons plutôt, dans ces brillants vestiges,
De l'Italie antique évoquer les prodiges.
Chaque lieu se revêt de son premier renom;

Tout parle d'un haut fait, tout révèle un grand nom.
Que racontent Trébie, et Canne, et Trasimène?
Là, devant Annibal a fui l'aigle romaine.
Que disent ces hameaux, ces cités, ces vallons?
Ici, sous Marius ont péri les Teutons.
Ces bords sont le théâtre où s'illustra Scévole;
Cette roche escarpée est le fier Capitole,
Où, des fronts couronnés consacrant les revers,
La victoire attacha le joug de l'univers.
Ces superbes palais dont la vue est frappée,
C'est celui de César, c'est celui de Pompée.
Dans ces modestes champs, tous les consuls héros
Reprenoient la charrue en quittant les faisceaux.
Horace vit le jour dans ce hameau tranquille;
Vers ce bois est la tombe où repose Virgile.
Virgile! ah! c'est sur-tout près de ce monument
Que l'étranger s'arrête avec ravissement.
Cette riche colline, et ces plaines fécondes,
Les mers avec orgueil développant leurs ondes,
Et d'un ciel toujours pur l'éclante beauté,
Tout semble à ses regards par Virgile enchanté.
Aux tombes des Césars son ame fut distraite;
Son ame se recueille au tombeau du poëte;
Il y chante les vers où Didon a gémi,
Et quitte ce tombeau comme on quitte un ami.
Des voyages lointains telle est l'heureuse ivresse.

Telle est l'illusion qui me suit dans la Grèce.

De ruines en vain ces climats sont flétris :

L'imagination relève leurs débris ;

Tout est grand homme ou dieu dans ces riches décombres;

Et je marche au milieu des plus illustres ombres.

Athène se réveille, et sort de son tombeau :

Voilà donc ces remparts ! ce portique si beau !

Ce théâtre où des vers éclatoit l'harmonie !

Et tous ces monuments conquêtes du génie !

Je sors d'Athène, et vole aux champs de Marathon :

De Miltiade encore ils répètent le nom.

Je m'avance à Trézéne ; un autre nom l'habite :

Les rochers sont encor teints du sang d'Hippolyte.

Les roseaux du Ladon appellent-ils mes yeux ;

Syrinx fait soupirer ses bords mélodieux.

Ai-je aperçu l'Élide ; en ses champs magnifiques

Il me semble assister aux fêtes olympiques :

J'entends le bruit des chars, le cri des combattants,

Et le souffle et les pas des coursiers haletants.

Suis-je à Naxos ; je trouve Ariane plaintive

Accusant d'un ingrat la voile fugitive.

Je nage avec Léandre aux rives d'Abydos ;

Je pleure avec Sapho lorsque j'entre à Lesbos.

Mais combien Ilion me demande de larmes !

C'est là sur-tout le lieu qui pour l'ame a des charmes.

L'amour mystérieux d'Anchise et de Cypris,

OEnone au mont Ida redemandant Pâris,
La Grèce si long-temps par Hector repoussée,
Les adieux d'Andromaque à la porte de Scée,
Le monstre dont les flancs vomissoient le trépas,
Tous ces évènements revivent sous mes pas;
Et sur ces bords, rendus à leur splendeur première,
L'antiquité renaît et brille tout entière.

Les climats, pleins de faits récents et glorieux,
Par un nouvel attrait doivent charmer nos yeux.
Le guerrier, que les champs de Fleurus ou d'Arcole
Ont vu de l'aigle altier briser l'espoir frivole,
Les retrouvera-t-il sans penser aux combats
Où pour la liberté s'est signalé son bras?
Il saluera ces champs, théâtre de sa gloire;
Chaque bois, chaque mont frappera sa mémoire.
Ce vieux fort aux assauts a long-temps résisté;
Vers ce fleuve en fuyant l'ennemi s'est porté :
Tout viendra du Français flatter l'ame attentive;
Il entendra des morts gémir l'ombre plaintive;
Et foulant ces gazons, de leur sang illustrés.,
Sentira tressaillir leurs ossements sacrés.

Non moins heureux celui qui peut revoir l'asile
Dont la paix protégea son enfance tranquille!
Du monde vers ce lieu que j'aime à m'échapper!

De mes premiers plaisirs je reviens m'occuper.
Ce mur, que je frappois d'une balle docile,
Cette pierre aplanie, où, d'une corde agile,
Sous mes pieds bondissants ma main doubloit les tours,
Chaque objet me ramène à ces aimables jours
Où les plaisirs sont vifs, les peines sont légères,
Où l'on croit tous les cœurs généreux et sincères,
Où l'ame, vierge encor, dans le sommeil des sens,
Des folles passions ignore les tourments,
Où l'on ne connoît pas l'orgueil de l'opulence;
Je redeviens enfant aux lieux de mon enfance,
Et retrouve à l'aspect de ces jeux innocents
Le calme qui s'envole avec nos premiers ans.
Ainsi le Souvenir par-tout nous dédommage.

De la patrie absente il nous offre l'image;
Loin d'elle vainement on erre transporté;
On retourne en esprit au bord qu'on a quitté.
O Français, qui languis captif de l'Angleterre,
Voilà ce qui distrait ta douleur solitaire!
Que te font et Saint-James et ce Windsor pompeux,
Ces bois si renommés, ces palais si fameux?
Tu dis, en t'éloignant de leur triste opulence,
Ce ne sont pas les bois, les palais de la France!
Tu l'appelles sans cesse; aux échos étrangers
Tu contes ses combats, ses succès, ses dangers;

Et de tes nobles fers ta pensée affranchie
Vole vers la cité par la Seine enrichie,
Se promène aux climats où le Rhône amoureux
De la Saône en son lit reçoit l'hymen heureux,
Visite l'humble toit où tu vis la lumière,
S'assied près d'une amante, à côté d'une mère ;
Et, par ces doux tableaux à ton pays rendu,
Ton cœur revoit le ciel que tes yeux ont perdu.
Oh ! combien la Mémoire a d'heureux avantages !
Elle charme l'exil, embellit les voyages,
Recule le présent, et promet l'avenir.

Oui, si l'on doit aimer son propre Souvenir,
Le Souvenir qu'on laisse a-t-il moins droit de plaire ?
Regardez ce mortel qui s'élance à la guerre :
Loin de la paix des champs ou des jeux d'une cour,
Loin des nœuds assemblés par l'hymen ou l'amour,
Il vole, sur la terre ou les gouffres de l'onde,
Braver le fer qui luit, et le bronze qui gronde.
Pourquoi dans les combats s'est-il sacrifié ?
Il vouloit que son nom ne fût point oublié.
O desir inquiet d'une longue mémoire !
Ce besoin appeloit Démosthène à la gloire.
Voyez-le, pour s'instruire, au fond d'un noir séjour,
Fuir les fêtes d'Athène et la splendeur du jour :
Écoutez-le, des mers parcourant les rivages,

Pour affermir sa voix, haranguer les orages.
C'est ce vœu d'échapper au noir oubli des temps,
Qui, loin des vains plaisirs, sur des travaux constants,
A toute heure, en tout lieu, faisoit pâlir Voltaire;
C'est lui qui, de Raynal enflammant l'ame austère,
Lui dit de préférer à des honneurs brillants
Le lustre du malheur et l'éclat des talents;
C'est lui qui, dans les bois propices à l'étude,
Exiloit de Rousseau la docte inquiétude.
Rousseau!... Si l'écrivain, dont l'éloquente voix
Fit parler la morale, et l'amour, et les lois,
Pour mûrir son génie, aux délices du monde
Courut se dérober dans la forêt profonde,
C'est que, plein des tributs qu'il devoit obtenir,
Il respiroit de loin l'encens de l'avenir,
Et voyoit ses leçons dont la France s'honore,
Triompher en des jours qui n'étoient pas encore.
L'espoir d'un Souvenir conduit même aux vertus;
Cet illustre vieillard proscrit par Anitus,
Intrépide martyr de sa haute sagesse,
Eût-il dans les cachots bu la mort sans foiblesse,
S'il n'eût cru que le monde, honorant son tombeau,
D'un opprobre éternel flétriroit son bourreau?
Quand Brutus s'immolant sut dompter la nature,
Il se sentoit d'avance en sa grandeur future;
Et Barneveldt, frappé comme un vil criminel,

Voyoit son échafaud se changer en autel.

Le grand homme a seul droit de briguer cet hommage

Qui dans tout l'avenir consacre son image :

Mais d'un tribut plus doux l'homme obscur est épris ;

Il veut le Souvenir de ceux qu'il a chéris.

Qui ne se dit, tout près de perdre la lumière :

« Ma fille de ses pleurs baignera ma poussière ;

« Le long deuil d'une épouse attestera sa foi ;

« Quelquefois mes amis s'entretiendront de moi ;

« Je reste dans leurs cœurs, je vivrai dans leurs larmes ? »

Ce tableau, de la mort adoucit les alarmes ;

Et l'espoir des regrets que tout mortel attend

Est un dernier bonheur à son dernier instant.

NOTES.

Page 121, vers 6.

O mon père, ton front vénérable et chéri.

Je finissois mes études quand mon père mourut : j'avois besoin d'un guide dans la route si difficile du monde où j'entrois ; c'est alors que j'eus le malheur de perdre cet homme respectable. Distingué dans la profession d'avocat, il avoit défendu avec succès plus d'un orphelin : falloit-il que son fils le devint à l'âge même où les exemples et la tendresse d'un père lui étoient si nécessaires ? du moins, si je fus privé de lui et de ses conseils, il me laissa un nom qui me fit sentir plus d'une fois combien il est avantageux de porter celui d'un homme estimé.

Ibid. vers 13.

Et toi, dont chaque jour l'horrible mort m'afflige.

L'ami dont je parle ici fut juridiquement assassiné sous le règne de la Terreur, avant l'âge de vingt-cinq ans ; il s'appeloit Cezeron. Son nom n'est pas connu ; mais il l'auroit rendu célèbre,

s'il eût vécu plus long-temps. Ce jeune homme,
passionné pour l'étude, joignoit à une vaste
érudition une imagination brillante, et les dis-
positions les plus heureuses pour le talent de
la parole; cet avantage est ce qui le perdit. Ami
de la liberté, il s'éleva, au 31 mai, avec autant
d'éloquence que de courage, contre les anar-
chistes qui vouloient la souiller; ils s'en ven-
gèrent en l'envoyant à l'échafaud. Nous nous
étions liés au collège; dans le monde, la raison
fortifia cette union commencée dès l'enfance;
nous ne passions pas un jour sans nous voir,
sans converser sur la poésie et l'éloquence.
Quand il fut incarcéré, j'obtins les moyens de
pénétrer dans sa prison; j'y courus. Je cherchai
à le consoler; il n'en avoit pas besoin; il pré-
voyoit son sort, et l'envisageoit sans crainte.
Dans cette demeure affreuse il s'entretenoit en-
core avec moi de Démosthène, de Cicéron, de
Rousseau, de tous ces modèles de l'éloquence
qu'il auroit peut-être un jour égalés. Il m'écrivit
avant d'aller à la mort : je recueillis ses dernières
pensées; je reçus presque son dernier soupir.
Ce tableau restera toujours gravé dans mon ame,
et tant, que j'existerai, je donnerai des larmes à

fortuné jeune homme, dont l'amitié em-
une partie de mon existence, et dont la
empoisonne le reste.

Page 126, vers 4.

.tit Pompeia dans un gouffre écumant.

:t une ville d'Italie qui fut. engloutie, ainsi
rculanum, dans une éruption du Vésuve,
) de l'ère chrétienne. Le naturaliste Pline,
it observer ce phénomène, y périt.

Page 127, vers 4.

u moins puni lorsqu'il songe à Tacite !

ecture de ce sublime écrivain sera éternel-
t l'effroi des oppresseurs. On n'a pu retrou-
rmi les ruines de l'antiquité l'histoire de
lu règne de Néron : quelle perte que cette
de ses annales ! Si Suétone a été éloquent
e tableau de la chute de ce monstre, qu'au-
)nc été Tacite ?

Page 130, vers 10.

rrier que les champs de Fleurus et d'Arcole...

urus est une plaine de la Belgique que ren-
célèbres deux batailles gagnées par les

12.

s'il eût vécu plus long-temps. Ce jeune h(
passionné pour l'étude, joignoit à une
érudition une imagination brillante, et l
positions les plus heureuses pour le tal
la parole; cet avantage est ce qui le perdi
de la liberté, il s'éleva, au 31 mai, avec
d'éloquence que de courage, contre les
chistes qui vouloient la souiller; ils s'e1
gèrent en l'envoyant à l'échafaud. Nou:
étions liés au collège; dans le monde, la
fortifia cette union commencée dès l'en1
nous ne passions pas un jour sans nou:
sans converser sur la poésie et l'éloq'
Quand il fut incarcéré, j'obtins les moy(
pénétrer dans sa prison; j'y courus. Je ch
à le consoler; il n'en avoit pas besoin; i
voyoit son sort, et l'envisageoit sans c1
Dans cette demeure affreuse il s'entretenc
core avec moi de Démosthène, de Cicér(
Rousseau, de tous ces modèles de l'éloq
qu'il auroit peut-être un jour égalés. Il m'(
avant d'aller à la mort : je recueillis ses deñ
pensées; je reçus presque son dernier s(
Ce tableau restera toujours gravé dans mon
et tant, que j'existerai, je donnerai des lar.

cet infortuné jeune homme, dont l'amitié embellit une partie de mon existence, et dont la perte empoisonne le reste.

Page 126, vers 4.

Engloutit Pompeia dans un gouffre écumant.

C'est une ville d'Italie qui fut engloutie, ainsi qu'Herculanum, dans une éruption du Vésuve, l'an 79 de l'ère chrétienne. Le naturaliste Pline, voulant observer ce phénomène, y périt.

Page 127, vers 4.

Il est du moins puni lorsqu'il songe à Tacite!

La lecture de ce sublime écrivain sera éternellement l'effroi des oppresseurs. On n'a pu retrouver parmi les ruines de l'antiquité l'histoire de la fin du règne de Néron : quelle perte que cette partie de ses annales! Si Suétone a été éloquent dans le tableau de la chute de ce monstre, qu'auroit donc été Tacite?

Page 130, vers 10.

Le guerrier que les champs de Fleurus et d'Arcole...

Fleurus est une plaine de la Belgique que rendirent célèbres deux batailles gagnées par les

12.

Français; la première, en 1690, sous le com-
mandement du maréchal de Luxembourg; la
seconde, plus mémorable encore, sous celui
de Jourdan, l'an deux de la république.

Arcole fut le théâtre de l'une des victoires de
Bonaparte sur les Autrichiens. Ce héros, l'hon-
neur du nom français, avant l'âge de trente ans,
renouvela en Italie tous les prodiges d'Annibal,
et n'eut point de Capoue.

Page 133, vers 7.

Le lustre du malheur et l'éclat des talents.

On sait que l'abbé Raynal, quand il fit paroître
son immortelle histoire des deux Indes, perdit
sa fortune, et fut exilé à Marseille. C'est ainsi
que l'on récompense les talents!

Ibid. vers 26.

Et Barneveldt, frappé comme un vil criminel.

Barneveldt, avocat général des états de Hol-
lande, périt sur l'échafaud, l'an 1519, par les
intrigues de Maurice de Nassau, stathouder, qui,
redoutant son inflexibilité, le fit condamner par
des juges vendus, pour une prétendue conspira-
tion contre l'état.

LA SÉPULTURE.

Ces vers, où je m'élève contre l'indécence avec laquelle on inhumoit alors en France, ont été lus en l'an 5 à l'institut national. M. Pastoret avoit fait seul avant moi la même réclamation dans un discours éloquent qu'il prononça à la tribune des Cinq-Cents.

LA SÉPULTURE.

Il semble qu'en ces fleurs, par leurs mains cultivées,
Ils raniment l'objet près d'elles inhumé,
Et respirent son âme et leur souffle embaumé.

LA SÉPULTURE.

Où sont ces vieux tombeaux et ces marbres antiques
Qui des temples sacrés décoroient les portiques?
O forfait! ces brigands, dont la férocité
Viola des prisons l'asile épouvanté,
Coururent, tout sanglants, de nos aïeux célèbres
Profaner, mutiler les monuments funèbres, .
Et commettre, à la voix d'un lâche tribunat,
Sur des cadavres même un autre assassinat.
Gloire, talents, vertus, rien n'arrêta leur rage.
O guerriers généreux, dont le mâle courage
De l'état ébranlé releva le destin,
Vengeurs du nom français, *Turenne*, *Du Guesclin*,
Vous vites par leurs mains vos cendres dispersées
Errer au gré des vents, de vos urnes chassées!
La beauté ne put même adoucir leur courroux;
Sévigné, dans la mort tu ressentis leurs coups!
C'en est donc fait; brisant les tombes révérées,
Ils ont desenchanté nos enceintes sacrées :
Nous y cherchons en vain ces marbres inspirants,
Où nos yeux se plaisoient à s'arrêter long-temps;
Où nos cœurs admiroient, épris de leur histoire,

Les dons de la patrie et les droits de la gloire,
Et sur l'affreuse mort, dont tout est dévoré,
Des talents, des vertus le triomphe assuré.
On se sent agrandir au tombeau d'un grand homme!
Les arts m'en sont garants; des morts que l'on renomme,
Dans le bronze vivant, dans le marbre animé,
Ils rendront tous les traits à l'univers charmé :
Mais ce n'est point assez pour le cœur qui les aime;
Leurs images, hélas! ne seront point eux-mêmes!
C'est eux, c'est leurs débris que nous voulons trouver ·
Au pied de leurs tombeaux nous aimions à rêver.
Là, du recueillement savourant tous les charmes,
Nous trouvions à-la-fois des leçons et des larmes;
Il sembloit que du fond de ces cercueils fameux
Une voix nous criât : « Illustrez-vous comme eux : »
Voilà l'illusion que nous avons perdue.
Vous tous, que pleure encor la patrie éperdue,
Consolez-vous pourtant si vos corps mutilés
Loin de leurs monuments languissent exilés :
Bannis de vos cercueils, et non de votre gloire,
Vous restez dans nos cœurs et dans notre mémoire.
Là, se sont retranchés vos débris immortels;
Là, se sont relevés vos tombeaux, vos autels;
Et contre les pervers soulevant tous les âges,
Vous immortalisez jusqu'à leurs vils outrages.

Mais de quel crime encor mon œil est révolté !
Par des bras soudoyés un cadavre porté,
Sans cortège, sans deuil, s'avance solitaire ;
C'est ainsi parmi nous qu'on rend l'homme à la terre !
Autrefois l'amitié, la nature et l'amour,
Accompagnant sa cendre à ce dernier séjour,
Lui portoient en tribut leur douleur consolante ;
Maintenant, inhumé sans la pompe touchante
Qui suivoit le mortel dans la tombe endormi,
On diroit qu'il n'eut pas un parent, un ami !
A-t-il perdu ses droits en perdant la lumière ?
N'est-il point un respect qu'on doive à sa poussière ?
Sur les rives du Nil un zèle industrieux,
Par un baume éternel, perpétuant aux yeux
Une mère expirée, une épouse ravie,
Savoit tromper la mort et figurer la vie ;
Les Grecs et les Romains présentoient aux tombeaux
Des offrandes, des pleurs, et le sang des taureaux ;
Le sauvage lui-même, inhumain, implacable,
Toujours d'un peu de terre a couvert son semblable ;
Et vous, peuple poli, dans cet âge si beau
Où Montesquieu, Voltaire, et Raynal, et Rousseau,
Par leurs savants écrits, pleins d'Athène et de Rome,
Apprirent aux humains la dignité de l'homme,
Vous osez seul aux morts refuser des honneurs !

Que dis-je? vous craignez de montrer vos douleurs!
Sommes-nous dans ces jours de crime et d'esclavage
Où, de l'humanité proscrivant le langage,
Des tyrans dans nos yeux faisoient rentrer nos pleurs,
Où tous les sentiments se cachoient dans les cœurs?
Le frère alors fuyoit les obséques d'un frère;
Le fils suivoit de loin le cercueil de son père :
On n'osoit escorter que le char des bourreaux;
La pompe de la mort n'étoit qu'aux échafauds!
Si de ce régné affreux l'opprobre enfin s'efface,
Dans nos convois encor pourquoi m'offrir sa trace?
Quel Français sans gémir peut voir leur nudité?
Craint-on qu'au sein des jeux un moment attristé
L'homme heureux, de la mort reconnoissant l'empire,
Ne s'aperçoive trop que son semblable expire?
Eh! ce corps à la terre indignement rendu,
Comme un vil animal dans les champs étendu,
Peut-être est-ce un savant, dont le vaste génie
Par d'utiles travaux éclaira sa patrie!
Peut-être est-ce un ami des mortels malheureux!
Quel contraste! jaloux de prodiguer pour eux
De ses soins, de ses dons l'active bienfaisance,
Tous les infortunés recherchoient sa présence :
Vivant, de sa maison ils assiégeoient le seuil;
Mort, ils n'osent, hélas! entourer son cercueil!

« Pourquoi, me direz-vous, des honneurs funéraires!
« Cette loi, que jadis établit chez nos pères
« Un culte fanatique, et sans force aujourd'hui,
« Sur nos bords éclairés doit tomber avec lui. »
Ah! laissez ce langage au profane athéisme;
La sensibilité n'est pas le fanatisme :
De la religion gardons l'humanité.
Barbares, qui des morts bravez la majesté,
Éloignez, s'il le faut, ces ornements, ces prêtres
Dont le faste à la tombe escortoit nos ancêtres;
Mais appelez du moins autour de nos débris
Et la douleur d'un frère, et les larmes d'un fils :
C'est le juste tribut où nos mânes prétendent;
C'est le culte du cœur que sur-tout ils attendent.

Mais si vous leur rendez cette pompe du deuil,
Oserez-vous encor reléguer un cercueil
Aux lieux où, nous plongeant dans les mêmes abymes,
La mort confusément entasse ses victimes?
O trop coupable effet d'un usage odieux!
Auprès des scélérats gît l'homme vertueux!
Dans le même sépulcre indigné de descendre,
A leur cendre il frémit d'associer sa cendre.
Du juste qui n'est plus respectez le repos;
Du juste et du méchant séparez les tombeaux

Loin sans doute l'orgueil du pompeux mausolée
Qui distinguoit des grands la poussière isolée ;
Mais qu'au moins dans les bois un monument dressé
Dise au fils : C'est ici que ton père est placé.
Les bois ! ils sont des morts le véritable asile ;
Là, donnez à chacun un bocage tranquille :
Couvrez de leur nom seul leur humble monument ;
De l'urne d'un héros son nom est l'ornement.
Ces dômes de verdure où le calme respire,
Le ruisseau qui gémit, et le vent qui soupire,
La lune dont l'éclat, doux ami des regrets,
Luit plus mélancolique au milieu des forêts ;
Tous ces objets, que cherche une ame solitaire,
Prêteront aux tombeaux un nouveau caractère,
Par ce charme, appelés vers leurs restes flétris,
Nous viendrons y pleurer ceux qui nous ont chéris ;
Nous croirons voir planer leurs ombres attentives ;
Nous croirons qu'aux soupirs de nos ames plaintives
Répondent de leurs voix les accents douloureux
Dans la voix des zéphyrs gémissants autour d'eux.
Que la sage Helvétie offre un touchant exemple !
Lorsqu'un mortel n'est plus, là, les siens, près du temple
Vont déposer sa cendre en un bocage épais ;
Y plantent des lilas, des roses, des œillets ;
Arrosent chaque jour leurs tiges abreuvées :
Il semble qu'en ces fleurs, par leurs mains cultivées,

Ils raniment l'objet près d'elles inhumé,
Et respirent son ame en leur souffle embaumé.
Comme eux à nos regrets sachons prêter des charmes,
Rendons les fleurs, les bois, confidents de nos larmes :
Dans les fleurs, dans les bois, du sort trompant les coups,
Nos parents reviendront converser avec nous.
Tout rendra leur aspect à notre ame apaisée ;
Les champs peuplés par eux deviendront l'Élysée :
Et les tristes humains, près de faire à leur tour
Ce voyage effrayant qui n'a point de retour,
Comptant sur les honneurs dont la mort est suivie,
Ne croiront pas sortir tout entiers de la vie ;
Et, par ce doux espoir en mourant ranimés,
Se sentiront renaître aux cœurs qu'ils ont aimés.

NOTES.

Page 141, vers 16.

Sévigné, dans la mort tu ressentis leurs coups.

Le tombeau de cette femme célèbre par son esprit et ses lettres fut brisé à Grignan dans les jours sanguinaires qui souillèrent la révolution, et ses restes furent indignement mutilés.

Page 143, vers 4.

C'est ainsi parmi nous qu'on rend l'homme à la terre.

Dans tous les temps, chez toutes les nations, même les plus barbares, les morts ont reçu un culte. On connoît cette réponse d'une peuplade sauvage à qui on proposoit de quitter son pays : *Dirons-nous aux ossements de nos parents, Levez-vous, et suivez-nous dans une terre étrangère?* Cook nous apprend dans ses Voyages qu'au moment où il annonça aux habitants des îles de la Société qu'il alloit les quitter pour toujours ; ils lui demandèrent où seroit le lieu de sa sépu.-ture ; et comme il nomma la paroisse de Saint-

Paul à Londres, ils répétèrent tous avec atten-
drissement ce nom qu'ils allioient à celui de leur
bienfaiteur.

Page 146, vers 5.

Les bois ! ils sont des morts le véritable asile.

Il semble que la nature aït planté les forêts
pour offrir un abri à notre cendre : leur vaste
silence convient à celui de la mort, leurs téné-
bres à la nuit du cercueil, leur calme à la paix
de la tombe, et l'on croiroit que les rameaux de
leurs arbres, en se penchant vers la terre, cher-
chent une urne ou un marbre funéraire pour le
couvrir de leur feuillage.

Ibid, vers 21.

Que la sage Helvétie offre un touchant exemple !

L'usage de planter des fleurs au pied des tom-
beaux de ses parents est suivi dans quelques
cantons de la Suisse, comme l'attestent les ou-
vrages de plusieurs voyageurs.

13.

Page 147, vers 22.

Et respirent son ame en leur souffle embaumé.

M. Delille décrit cet usage dans l'HOMME DES CHAMPS, et termine ainsi sa peinture :

« . . . Au fond d'un vert bocage
« Il place les tombeaux, il les couvre de fleurs ;
« . . . .
« Et pense respirer, quand sa main les arrose ,
« L'ame de son ami dans l'odeur d'une rose. »

Cette dernière image est là même que la mienne. Pour que l'on ne m'accuse pas d'en être redevable à **M.** Delille, je rappellerai que mes vers sur LA SÉPULTURE ont été publiés cinq ans avant l'HOMME DES CHAMPS.

AUX MÂNES
DE DEMOUSTIER.

AUX MÂNES

DE DEMOUSTIER.

Hélas! il a péri ce chantre ingénieux
Qui, si jeune, au tombeau n'auroit pas dû descendre!
Nous le cherchons sans cesse et de l'ame et des yeux!
    Nous ne trouvons plus que sa cendre.
Dès long-temps vers la tombe il sembloit s'avancer;
Il brilloit à nos yeux comme un astre éphémère
    Dont nous admirions la lumière
En tremblant chaque jour de la voir s'éclipser :
Mais des traits qu'on attend se sent-on moins blesser?
    Non, le cœur a peine à comprendre
Qu'hier un ami vive, et périsse aujourd'hui,
Que de son œil chéri s'échappe un regard tendre,
Que de sa douce voix le son se fasse entendre,
Et que l'instant d'après rien ne reste de lui!
    Rien!... ai-je perdu la mémoire
    De ses vertus et de ses vers?
S'il est mort à la vie, il existe à la gloire!
La tombe rend son nom et ses talents plus chers.
Oubliera-t-on jamais cet heureux caractère,
    Cet adroit Conciliateur

Qui, sincère quoique flatteur,
Le retrace lui-même en offrant l'art de plaire ?
Oublîra-t-on jamais l'ouvrage gracieux
Où sa muse, étalant des peintures galantes,
Groupe un cercle choisi de femmes séduisantes,
Et captive à-la-fois l'esprit, l'ame, et les yeux ?
    O riante Mythologie,
Qu'il révéla pour nous comme pour Émilie,
C'est à toi que sur-tout il devra l'avenir !
Comme en ses entretiens, qu'on aime à retenir,
De tes riches couleurs il versa la magie !
Avec quel art, d'Ovide empruntant les pinceaux,
    Il nous fait, dans ses vers rapides,
    Entendre le doux bruit des eaux,
    Et les soupirs des Néréides ;
Rend pour nous les jardins et les bois animés
En nous contant Daphné sous l'écorce captive,
Hyacinthe, Narcisse, en des fleurs enfermés,
Et dans l'Écho sensible une amante plaintive ;
Ouvre à nos pas la cour du terrible Pluton,
Enceinte de tout temps pour les forfaits creusée ;
Nous brûle sur les bords de l'ardent Phlégéton,
    Nous rafraîchit dans l'Élysée ;
De là, monte avec nous au séjour radieux,
    Nous assied au conseil des dieux,
    Nous guide au boudoir des déesses ;

Et tour-à-tour, devant nos yeux,
Dans ses poétiques ivresses,
Fait passer le Tartare, et la terre, et les cieux!
Et sous quel jour piquant il offre encor ces fables!
Il fuit des érudits la grave pesanteur
Pour la légèreté de nos savants aimables;
On voit l'homme d'esprit, on ne voit point l'auteur.
On sent qu'une beauté l'inspire et l'encourage :
Pour elle, en ses récits, il fait toujours régner
Un voluptueux badinage :
Il converse au lieu d'enseigner;
Les Graces qu'il instruit lui prêtent leur langage;
Le savoir en ses vers parvient à s'embellir;
Ce n'est plus le sillon que l'on ouvre avec peine,
C'est le fruit, c'est la fleur, dont l'éclat et l'haleine
Semble inviter à les cueillir.
Un art si précieux à ce brillant ouvrage
Assure un éternel succès :
Demoustier des lecteurs obtiendra le suffrage
Tant que vivra l'esprit français.
Tel est donc le droit du génie!
La mort, où l'homme obscur voit sa course finie
N'est pour lui qu'un passage à des jours éclatants
Son siècle est l'avenir, sa carrière est le temps;
Au monde qui le perd il lègue ses ouvrages,
Et sa voix retentit dans la longueur des âges

Sans doute le guerrier sur les siècles futurs,
Émule du poëte, a des droits aussi sûrs ;
Mais du laurier brillant qui décore ses armes
Le lustre est obscurci par le sang et les larmes ;
Le poëte reçoit de plus touchants honneurs ;
Sa gloire est un présent que lui font tous les cœurs.
Eh ! je prends à témoin ces monuments funèbres
      Où, dans un repos fastueux,
      Dorment les conquérants célèbres,
A peine arrêtent-ils nos regards curieux,
Tandis que nous aimons à reposer nos yeux
Sur l'urne de Sapho, sur la cendre d'Eschyle,
Et recueillir notre ame au tombeau de Virgile :
Mais qu'importe un hommage au talent adressé,
Quand il est descendu dans la sombre demeure ?
Le cœur jouit du nom par un ami laissé ;
Mais ce nom le rend-il à l'ami qui le pleure ?
Vous de qui Demoustier fut connu, fut chéri,
      C'est vous que mes regrets attestent :
S'il revit pour la terre où ses ouvrages restent,
Pour nous l'infortuné tout entier a péri.
Nous ne le verrons plus, loin des fêtes mondaines,
De nos plaisirs sans faste accepter la moitié,
      Et dans nos craintes, dans nos peines,
Réclamer encor plus la part de l'amitié.

Nous ne le verrons plus par sa seule indulgence
Répondre aux détracteurs de ses nombreux succès.
Consoler le malheur, secourir l'indigence
Avec l'aménité qui double les bienfaits;
    Nous avons perdu pour jamais
    Et son exemple et sa présence.
Tel est aussi le deuil qui remplit votre cœur,
O sœur inconsolable, ô gémissante mère,
Près de qui s'écoula sa rapide carrière
    Dans les travaux et le bonheur!
    Hélas! l'aspect de sa retraite
Où les vers sont encore, où n'est plus le poëte;
    Le voisinage de ce bois
Dont le calme secret, l'inspirante verdure,
Loin d'un monde bruyant, l'ont reçu tant de fois,
    Tout irrite votre blessure.
Le printemps vient lui-même augmenter vos douleurs :
Oui, lorsque vous voyez la feuille reparoître,
Lorsque vous contemplez les renaissantes fleurs,
Vous dites, en pensant à l'objet de vos pleurs :
Lui seul, hélas! lui seul ne doit donc pas renaître!
    Que du moins ces fleurs aujourd'hui
    Nous servent à lui rendre hommage :
    Parons son urne et son image
    D'ornements mples comme lui.

14

Que nos mains en ces mots y gravent son histoire ·

« Il montra les talents aux vertus réunis ;

    « Son esprit lui donna la gloire,

    « Et sa belle ame, des amis. »

NOTES.

Page 153, vers 1.

Hélas! il a péri ce chantre ingénieux, etc.

Demoustier, mort à quarante ans, dans le mois de mars de l'an 9, laissa des regrets aussi vifs que mérités. Il joignoit aux dons de l'esprit toutes les qualités de l'ame. MM. Collin d'Harleville et Fayolle ont écrit sur lui des notices fort intéressantes; il faut les lire pour avoir une juste idée du caractère de cet homme estimable.

Page 154, vers 3.

Oubliera-t-on jamais l'ouvrage gracieux...

Les Femmes et le Conciliateur sont deux comédies d'un talent distingué, sur-tout la seconde.

Ibid. vers 7 et 8.

O riante Mythologie,
Qu'il révéla pour nous comme pour Émilie!

Les Lettres a Émilie ont fait la réputation de leur auteur, et la soutiendront malgré la critique

de quelques esprits sévères. Sans doute elles of-
frent des détails que le goût peut réprouver ;
mais on doit convenir qu'elles étincellent d'es-
prit, et qu'elles sont remplies de charme et de
mérite.

Page 157, vers 9.

Près de qui s'écoula sa rapide carrière.

Demoustier demeuroit à Villers-Coterets, près
de sa mère et de sa sœur.

LA MÉLANCOLIE.

195.

Devéria del.   Lecomte sculp.

Ah! si l'art à nos yeux veut tracer ton image,
Il doit peindre une vierge assise sous l'ombrage.

LA MÉLANCOLIE.

La joie a ses plaisirs ; mais la Mélancolie,
Amante du silence et dans soi recueillie,
Dédaigne tous ces jeux, tout ce bruyant bonheur
Où s'étourdit l'esprit ; où se glace le cœur.
L'homme sensible et tendre à la vive alégresse
Préfère la langueur d'une douce tristesse.
Il la demande aux arts : suivons-le dans ces lieux
Que la peinture orna de ses dons précieux ;
Il quitte ces tableaux où le pinceau déploie
D'une fête, d'un bal la splendeur et la joie,
Pour chercher ceux où l'art, attristant sa couleur,
D'un amant, d'un proscrit a tracé le malheur.
De la toile attendrie, où ces scènes sont peintes,
Son ame dans l'extase entend sortir des plaintes,
Et son regard avide y demeure attaché.

Au théâtre sur-tout il veut être touché.
Voyez-vous, pour entendre Émilie, Orosmane,
Phèdre en proie à l'amour qu'elle-même condamne,
Comme un peuple nombreux dans le cirque est pressé ?
Chacun chérit les traits dont il se sent blessé ;

Chacun aime à verser sur de feintes alarmes,
Sur des désastres faux, de véritables larmes;
Et loin du cirque même, en son cœur, en ses yeux,
Garde et nourrit long-temps ses pleurs délicieux.

Quel est, en le lisant, l'ouvrage qu'on admire?
L'ouvrage où l'écrivain s'attendrit et soupire;
L'Iliade, d'Hector peignant le dernier jour;
Les vers où de Didon tonne et gémit l'amour;
Les plaintes de Tancréde, et les feux d'Herminie;
Héloïse, Werther, Paul et sa Virginie,
Ces tableaux douloureux, ces récits enchanteurs
Que l'on croiroit tracés par les Graces en pleurs.
Ignorant, éclairé, tout mortel les dévore;
La nuit même il les lit; et quelquefois l'aurore,
En rouvrant le palais de l'orient vermeil,
Le voit le livre en main oublier le sommeil :
Dans le recueillement son ame est absorbée,
Et sur la page humide une larme est tombée.
Douce larme du cœur, trouble du sentiment,
Qui naît dans l'abandon d'un long enchantement,
Heureux qui te connoît! malheureux qui t'ignore!

Arrêtons-nous aux champs qu'un riche émail colore.
Du pourpre des raisins, et de l'or des guérets
L'aspect riant, d'abord, a pour nous des attraits;

Mais que nous préférons l'épaisseur d'un bois sombre !
C'est là qu'on est heureux ! là, le soleil et l'ombre,
Qui, formant dans leur lutte un demi-jour charmant,
Ménagent la clarté propice au sentiment ;
Mille arbres qui, penchant leur tête échevelée,
Tantôt dans le lointain alongent une allée,
D'un dédale tantôt font serpenter les plis,
Dessinent des bosquets, ou groupent des taillis ;
Enfin le doux zéphyr, qui, muet dans la plaine,
Gémit dans les rameaux qu'agite son haleine,
Tout dispose à penser, invite à s'attendrir ;
Sous ces dômes touffus le cœur aime à s'ouvrir :
Et, conduit par leur calme aux tendres rêveries,
Se plaît à réveiller ses blessures chéries.

Sous ces bois inspirants coule-t-il un ruisseau,
L'émotion augmente à ce doux bruit de l'eau,
Qui, dans son cours plaintif qu'on écoute avec charmes,
Semble à-la-fois rouler des soupirs et des larmes.
Et qu'un saule pleureur, par un penchant heureux,
Dans ces flots murmurants trempe ses longs cheveux,
Nous ressentons alors dans notre ame amollie
Toute la volupté de la mélancolie.
Cette onde gémissante, et ce bel arbre en pleurs,
Nous semblent deux amis touchés de nos malheurs ;
Nous leur disons nos maux, nos souvenirs, nos craintes ;

Nous croyons leur tristesse attentive à nos plaintes;
Et, remplis des regrets qu'ils expriment tous deux,
Nous trouvons un bonheur à gémir avec eux.

Écoutons : des oiseaux commence le ramage.
De ces chantres ailés un seul a notre hommage;
C'est Philomèle au loin lamentant ses regrets.
Oh! que sa voix plaintive enchante les forêts!
Que j'aime à m'arrêter sous l'ombre harmonieuse
Où se traîne en soupirs sa chanson douloureuse!
De l'oreille et du cœur je suis ses doux accents.
Rêveur, et tout entier à ses sons ravissants,
Je ne m'aperçois pas si, planant sur ma tête,
Des nuages affreux assemblent la tempête,
Si le tonnerre gronde, ou si le jour qui fuit
Cède le firmament aux voiles de la nuit;
Je ne vois que les maux que cet oiseau déplore :
Il cesse de chanter, et je l'écoute encore!
Tant la mélancolie est un doux sentiment!

Vesper, viens assister à son recueillement!
L'astre majestueux qui verse la lumière
Peut un moment de l'homme attacher la paupière,
Lorsqu'inondant les cieux en son cours agrandi,
Il déploie à longs flots la splendeur du Midi;
Mais l'œil, qu'ont ébloui ses brûlantes atteintes,

Demande à reposer sur de plus douces teintes :
Il se plait à chercher en des nuages d'or
L'astre qu'on ne voit plus, et que l'on sent encor.
Ce jour à son déclin, la nuit à sa naissance,
L'ombrage des forêts qui dans les champs s'avance,
La chanson de l'oiseau qui par degrés finit,
La rose qui s'efface, et l'onde qui brunit,
Les bois, les prés dont l'ombre obscurcit la verdure,
L'air qui souffle une douce et légère froidure,
Phébé qui, seule encore et presque sans clarté,
Au milieu des vapeurs lève un front argenté,
Et semble, en promenant son aimable indolence,
Un fantôme voilé que guide le silence,
Le murmure des flots qu'on entend sans les voir,
Et le cri du hibou dans le calme du soir,
Combien de ces objéts on goûte la tristesse !
Que sous son crêpe encor la nature intéresse !
A l'heure où la journée approche de sa fin,
Le sage, en soupirant, contemple ce déclin,
Et, ramenant sur soi sa pensée attendrie,
Voit dans le jour mourant l'image de la vie.

Ainsi donc le rapport des objets avec nous
Leur donne à nos regards un intérêt plus doux !
C'est par là que l'automne, heureux soir de l'année,
Nous attache au déclin de sa beauté fanée.

Lorsque sur les coteaux sifflent les aquilons,
Quand la feuille jaunit et tombe en tourbillons,
Quand se flétrit des prés la grace fugitive,
Le mortel recueilli, d'une vue attentive,
Suit cette décadence, où, se couvrant de deuil :
La nature à pas lents marche vers le cercueil.
Pleure-t-il le trépas d'une épouse adorée.
Il jouit du tableau de la terre éplorée :
La splendeur du printemps insultoit son ennui ;
Mais l'automne est souffrant, il se plaît avec lui.
Les vents luttant entre eux ; et les torrents qui grondent
Lui semblent des témoins dont les voix lui répondent :
Ces prés, ces champs déserts, et ces bois dévastés,
De sa perte à ses yeux paroissent attristés.
Il dit aux prés, aux champs pleins de ses rêveries :
« Vous n'avez plus les fleurs, vos compagnes chéries » ;
Aux bois : « Tout hymen cesse entre la feuille et vous :
« Comme vous, des trésors j'ai perdu le plus doux ;
« Et je viens, unissant ma perte à vos ravages,
« Confondre nos regrets, marier nos veuvages. »
Il dit ; cet entretien charme un instant ses maux.
L'enfant du Pinde aussi recherche ces tableaux :
Laissez-moi m'enfoncer sous ces bois sans feuillage.
Qu'il m'est doux d'y trouver un roc noir et sauvage ;
Qui laissoit la verdure égayer son horreur,
Et. libre de son voile, a repris sa terreur !

Que j'aime à mesurer ces ormes et ces chênes,
Gigantesques rivaux des montagnes prochaines,
Qui, sans feuille, et d'écorce à peine environnés,
Élèvent un front chauve et des bras décharnés!
Combien me plaît, m'émeut cette onde qui bouillonne,
Qui, dans l'été, cascade, et torrent dans l'automne,
Murmurant quand Zéphyr enchantoit le vallon,
Au départ du zéphyr gronde avec l'aquilon!
De quelle volupté ma frayeur est mêlée
Quand la foudre à grand bruit roule dans la vallée,
Ou, sous ses traits de feu brisant de noirs rameaux,
De nos bois fracassés dévore les lambeaux!
Tout du poëte ému réveille le génie:
Je saisis des objets la couleur rembrunie;
Et, pour faire passer cette teinte en mes vers,
Je noircis mes pinceaux du deuil de l'univers.

Où suis-je? à mes regards un humble cimetière
Offre de l'homme éteint la demeure dernière.
Un cimetière aux champs! quel tableau! quel trésor!
Là, ne se montrent point l'airain, le marbre, l'or;
Là, ne s'élèvent point ces tombes fastueuses
Où dorment à grands frais les ombres orgueilleuses
De ces usurpateurs par la mort dévorés,
Et jusque dans la mort du peuple séparés.
On y trouve, fermés par des remparts agrestes,

Quelques pierres sans nom, quelques tombes modestes,
Le reste dans la poudre au hasard confondu.
Salut, cendre du pauvre.; ah! ce respect t'est dû!
Souvent ceux dont le marbre immense et solitaire
D'un vain poids après eux fatigue encor la terre,
Ne firent que changer de mort dans le tombeau;
Toi, chacun de tes jours fut un bienfait nouveau.
Courbé sur les sillons, de leurs trésors serviles
Ta sueur enrichit l'oisiveté des villes;
Et quand Mars des combats fit retentir le cri,
Tu défendis l'état après l'avoir nourri :
Enfin chaque tombeau de cet enclos tranquille
Renferme un citoyen qui fut toujours utile!
Salut, cendre du pauvre; accepte tous mes pleurs.
Mais quelle autre pensée éveille mes douleurs?
Tel est donc de la mort l'inévitable empire!
Vertueux ou méchant, il faut que l'homme expire.
La foule des humains est un foible troupeau
Qu'effroyable pasteur le Temps mène au tombeau;
Votre sol n'est formé que de poussière humaine;
Et lorsque dans les champs l'automne nous promène,
Vos pieds inattentifs foulent à chaque pas
Un informe débris, monument du trépas.
Voilà de quels pensers les cercueils m'environnent;
Mais, loin que mes esprits à leur aspect s'étonnent,
De l'immortalité je sens mieux le besoin

Quand j'ai pour siége une urne et la mort pour témoin.

Oisifs de nos cités, dont la mollesse extrême
Ne veut que ces plaisirs où l'on se fuit soi-même,
Qui craignez de sentir, d'éveiller vos langueurs,
Ces tableaux éloquents sont muets pour vos cœurs ;
Mais toi qui des beaux-arts sens les flammes divines,
Ton ame entend la voix des cercueils, des ruines.
De la destruction recherchant les travaux,
Des états écroulés tu fouilles les tombeaux.
On te voit, arrêté sur les bords du Scamandre,
De l'antique Ilion interroger la cendre ;
On te voit dans Palmyre, attentif et surpris,
Consulter sa grande ombre et ses savants débris.
Quel livre à ton génie offrent de tels décombres !
Sur ces riches lambeaux, sur ces ruines sombres
Qui, là, sans majesté rampent dans les déserts,
Ici, d'un front altier se dressent dans les airs,
Mais dont les traits usés et les rides sauvages
Des ans, qui rongent tout, attestent les ravages,
Tu lis, le cœur saisi d'un agréable effroi,
La marche de ce temps qui roule aussi sur toi,
Des révolutions les soudaines tempêtes,
La chute des états, la trace des conquêtes,
L'empreinte des volcans et des flots destructeurs,
Et la haute leçon du néant des grandeurs ;

Et des siècles sur eux contemplant les injures,
De ces grands corps brisés tu comptes les blessures ;
Tes yeux et tes esprits sont par eux exaltés.

Laissons ces vieux débris, sépulcres des cités.
Que sont-ils, aux regards du rêveur solitaire,
Près de ce ténébreux et profond monastère,
Sépulcre des vivants, où, servant les autels,
Au sein d'un long trépas respiroient les mortels ?
Les lois ont prononcé : tous ces réduits austères
Ont dépouillé leur deuil, leurs chaînes, leurs mystères ;
Mais quoique leurs parvis, leurs autels soient déserts,
Au cœur mélancolique ils restent toujours chers.
L'œil avide recherche en ces saints édifices
Les cellules, témoins de tant de sacrifices :
Ces formidables mots, *néant*, *éternité*,
Dont s'obscurcit encor le mur épouvanté ;
Les voûtes où, d'un Dieu redoutant la sentence.
Le front pâle et courbé, prioit la Pénitence ;
La fosse que, docile au plus cruel devoir,
Creusa l'infortuné qu'elle dut recevoir ;
Et le nocturne airain, dont les sons despotiques
Arrachoient de leurs lits ces pieux fanatiques,
Qui, dans l'ombre entonnant de lugubres concerts,
Perdoient seuls le repos que goûtoit l'univers.
L'amour donne sur-tout un charme à ces retraites ;

Long-temps il a gémi sous leurs ombres muettes.
De Rancé, de Comminge, ah ! qui n'a plaint les feux
Tous deux, veufs d'une amante et toujours amoureu:
Embrassèrent en vain le froid du sanctuaire ;
Ils brûloient sur le marbre, ils brûloient sous la haire.
Leur flamme, que le cloître et le jeûne irritoit,
Jusqu'au pied des autels à Dieu les disputoit ;
Et leur voix trop souvent, dans leur profane ivresse,
Aux chants sacrés mêla le nom de leur maîtresse.
Du devoir, de l'amour, ô rigoureux combats !
La paix étoit près d'eux, ils ne la sentoient pas !
Mais de qui sut aimer leurs maux font les délices.
J'erre dans ces réduits qui virent leurs supplices ;
Je demande à l'écho le bruit de leurs douleurs ;
Je demande à l'autel la trace de leurs pleurs.
Mes pleurs mouillent le marbre où leurs larmes coulèrent ;
Mon cœur soupire aux lieux où leurs cœurs soupirèrent ;
Et je me peins, ému de leurs revers fameux,
Les jours où je brûlois, où je souffrois comme eux.

Voilà donc tes bienfaits, tendre Mélancolie !
Par toi de l'univers la scène est embellie ;
Tu sais donner un prix aux larmes, aux soupirs ;
Et nos afflictions sont presque des plaisirs.
Ah ! si l'art à nos yeux veut tracer ton image,
Il doit peindre une vierge, assise sous l'ombrage

Qui, rêveuse, et livrée à de vagues regrets,
Nourrit au bruit des flots un chagrin plein d'attraits;
Laisse voir, en ouvrant ses paupières timides,
Des pleurs voluptueux dans ses regards humides,
Et se plaît aux soupirs qui soulèvent son sein,
Un cyprès devant elle, et Werther à la main.

NOTES.

La Mélancolie est friande, a dit Michel Montaigne. Cette piquante expression d'un de nos plus profonds moralistes prouve combien la mélancolie est une sensation voluptueuse.

Page 164, vers 10.

. . . . Paul et sa Virginie.

Ce délicieux ouvrage auroit fait la réputation de Bernardin de Saint-Pierre, s'il ne se fût déja placé à côté de Jean-Jacques par le style de ses Études de la Nature. Virginie est une des meilleures productions du siècle; elle a été écrite sous la dictée du cœur. C'est un de ces livres qu'on ne quitte jamais sans se promettre de les lire encore.

Page 173, vers 2.

De Rancé, de Comminge, ah! qui n'a plaint les feux?

Rancé s'est rendu fameux par sa réforme de la Trappe dans le dix-septième siècle. On n'est pas certain du motif qui l'y porta: les uns croient qu'il y fut entraîné par cette exaltation religieuse

qui eut toujours tant d'empire sur les imagina-
tions ardentes ; d'autres pensent qu'il n'écouta
dans sa réforme qu'un désespoir amoureux. On
prétend qu'aimé d'une maîtresse qu'il adoroit,
il voloit la revoir après trois jours d'absence. Il
étoit nuit, une lampe éclairoit l'appartement où
il croyoit la retrouver ; qu'aperçoit-il ? D'un côté,
un corps sans tête, et étendu dans un cercueil
ouvert ; de l'autre, la tête défigurée de ce ca-
davre ! Épouvanté de cet affreux spectacle, il
croyoit y voir un avis du ciel ; il quitte le monde,
et court s'ensevelir dans le cloître dont il étoit
abbé, et y établit les lois les plus sévères. Il n'est
pas sûr que cette histoire soit la plus vraie ; mais
j'ai dû l'adopter comme la plus poétique.

Comminge est connu par ses amours pour
Adélaïde de Lussen, et sa retraite à la Trappe.
Madame de Tencin a écrit avec beaucoup d'in-
térêt l'histoire de ces deux amants.

CONSEILS

A AGLAURE.

Eʜ! quoi? vous prétendez, jeune et charmante Aglaure,
Étrangère à l'amour, peut-être à la pitié,
    Près d'un sexe qui vous adore
    Ne connoître que l'amitié !
Vous croyez que, gardant une froideur extrême,
Vos jours d'aucun chagrin ne se verront troubler :
Je suis l'époux heureux d'une épouse que j'aime,
Vous cherchez le bonheur, je puis vous conseiller.
Au plus doux sentiment ne soyez pas rebelle ;
Pour vivre indifférente un dieu vous fit-il belle ?
Créa-t-il sans projet ces yeux, où tour-à-tour
    L'esprit et la douceur respire,
Ce sein, dont l'œil ému caresse le contour,
Cette bouche, où se peint un gracieux sourire ?
L'Amour vous fit ces dons pour les lui rendre un jour.
Voyez ce diamant d'où jaillit la lumière :
Auriez-vous desiré qu'aux mains du lapidaire,
Sous un voile jaloux enfermé constamment,
Il eût toujours ravi sa beauté tributaire,

De-la vôtre heureux ornement?

Voyez cette fille de Flore

Qui vous fait respirer l'haleine du printemps :

Auriez-vous desiré que, captive en tout temps

Dans le bouton qui vient d'éclore,

Elle vous eût caché ses parfums éclatants?

Voilà votre modèle, Aglaure :

Diamant, laissez-vous polir ;

Tendre fleur, laissez-vous cueillir ;

En prêtant sa richesse on s'enrichit encore.

Oui, consultez votre intérêt ;

A mes sages conseils il vous dit de vous rendre :

Vous serez plus jolie en devenant plus tendre ;

Le sentiment, Aglaure, est le premier attrait.

Vos yeux, dont l'éclat nous appelle,

Sans s'animer jamais savent toujours charmer :

Comme ils s'embelliroient d'une grace nouvelle,

Si par le sentiment ils pouvoient s'enflammer ;

S'ils montroient, dans ce trouble où la pudeur chancelle,

A travers quelques pleurs tous les feux de l'amour,

Semblables au rayon du jour

Qui dans les ondes étincelle !

Votre bouche, aux aveux constante à s'opposer,

Garde encor sa fraîcheur et son charme suprême ;

Què seroit-elle donc si, laissant tout oser.

Elle s'ouvroit pour dire, *j'aime*,

Et se fermoit pour prendre ou donner un baiser?

Mais ce sein, ce beau sein qui sans trouble palpite,

Ah! c'est lui dont sur-tout doubleroit la beauté,

    S'il devoit à la volupté

    Chaque mouvement qui l'agite.

La volupté! le monde est par elle animé!

Que nous offre un bocage aux feux du jour fermé?

    D'un côté, les oiseaux fidèles

Se cherchant, se trouvant sous ces mobiles toits

Que soutiennent pour eux les portiques des bois,

    Unissent leurs becs et leurs ailes,

Confondent leurs soupirs, et, sûrs d'un doux retour,

Enchantent les bosquets de bonheur et d'amour;

    De l'autre, les arbres flexibles,

    Comme leurs habitants, heureux,

    Enlacent leurs têtes sensibles

    Et joignent leurs bras amoureux;

La charmille, plus loin, au tilleul mariée,

L'entoure de sa tige à la sienne alliée;

Ailleurs, au jeune ormeau d'un lien conjugal

    S'attache la vigne jalouse;

Enfin, s'approchant tous par un besoin égal,

Chaque arbre est un amant, chaque plante une épouse.

Et les fleurs elles même, en proie à ces desirs

Dont tout doit ressentir l'émotion charmante,

Dans leur sexe divers l'une de l'autre amante,

Ont aussi leur hymen, ont aussi leurs plaisirs :
Toutes, la feuille émue et la tête inclinée,
Ouvrant un sein qu'Aurore enrichit de ses pleurs,
Elles font de parfums, de sucs, et de couleurs,
    Une alliance fortunée.

    Entre elles c'est peu de s'unir :
Elles souffrent encor les baisers du zéphyr ;
    Et, de leur foiblesse orgueilleuses,
Laissent le papillon, posé sur leur émail,
    Dans ses ardeurs voluptueuses,
Aspirer leur haleine et sucer leur corail ;
    Tandis que du ruisseau limpide,
Qui jusques à leurs pieds se plaît à s'avancer,
Les vagues, qu'un vent doux l'une vers l'autre guide,
    Se donnent un baiser humide ;
Et les eaux sur les eaux viennent se caresser.
Tout aime autour de vous, tout brûle, tout soupire :
    Mais cet univers qui n'aspire
Qu'à l'amour, de nos cœurs impérieux besoin,
Ne vous offrira-t-il qu'un spectacle frivole
Où vous assisterez sans daigner prendre un rôle?
Voulez-vous du bonheur n'être qu'un froid témoin?
Je conçois vos frayeurs : la toilette vous charme ;
Et sans doute un amant en prendroit quelque alarme.
    Il ne verroit qu'en frémissant
Cet art industrieux, qui sur le front ramène

De vos longs cheveux noirs le luxe obéissant
Pour faire ressortir un teint éblouissant
Dans l'heureuse union de l'albâtre à l'ébène ;
Il se plaindroit du fard dont l'éclat emprunté
Donne à vos yeux si doux plus de vivacité ;
Il fronderoit sur-tout cette robe échancrée
Qui montre votre épaule et ses contours polis,
    Et découvre ce sein de lis
Dont il voudroit lui seul voir la grace ignorée ;
    Il maudiroit ce vêtement
Qui, sous le lin moelleux ou sous la gaze fine,
D'un corps qu'il dut cacher indiscret ornement,
Révèle à tous les yeux les formes qu'il dessine :
Il maudiroit enfin tout votre ajustement.
Vous, douce, et redoutant une tendre querelle,
Vous fuiriez la parure, et vous croiriez moins belle :
Comment oser dès-lors accepter un amant ?
C'est trop peu ; vous penchez vers la coquetterie.
Quoique, sans nul effort admirée et chérie,
Vous traîniez après vous des flots d'adorateurs,
A peine vous entrez dans l'une de nos fêtes,
Que, jalouse de plaire, avide de conquêtes,
Il faut que, déployant mille attraits séducteurs,
Vous fixiez tous les yeux, tourmentiez tous les cœurs,
    Et dérangiez toutes les têtes.
Vous adressez à l'un un souris gracieux,

16

A l'autre un doux regard, à l'autre un mot aimable,
Et vous multipliez le charme inexprimable
　　　De votre bouche et de vos yeux;
Un amant ne pourroit soutenir ce spectacle.
Craignant tous ses rivaux, pour leur porter obstacle,
Vous le verriez, tantôt se placer mille fois
Entre eux et vos regards, entre eux et votre voix,
Tantôt pâle, rêveur, malheureux de vos charmes,
Dévorer à l'écart ses plaintes et ses larmes.
　　　Vous, pour consoler son ennui,
Discrète en vos regards comme en votre langage,
Vous baisseriez les yeux, ou ne verriez que lui :
Mais quel effort pour vous de perdre quelque hommage !
Qu'ai-je dit? à la valse il faudroit renoncer;
Eh ! quel amant sans lui vous laisseroit valser?
　　　Quel amant souffriroit qu'un autre,
En cercle autour de vous précipitant ses pas,
Eût ses mains dans vos mains, son bras sur votre bras,
Ses yeux devant vos yeux, et son cœur près du vôtre;
Et formât avec vous ces souples mouvements
Trop semblables peut-être aux transports des amants?
Un tableau si cruel le mettroit au supplice !
Vous, pour calmer son cœur jaloux de vos appas,
Avec d'autres que lui vous ne valseriez pas;
Mais ne seroit-ce point un bien grand sacrifice?
Réfléchissez pourtant; le ciel de trop d'attraits,

En naissant, vous a décorée
Pour que de vains atours méritent vos regrets ;
Sans le moindre ornement vous êtes mieux parée.
Un seul de vos discours est trop ingénieux
Pour que vous regrettiez ceux de nos agréables ;
. Dans leur fade jargon ou sots ou précieux,
    Ils sont si tristement aimables,
    Ou si franchement ennuyeux !
    Ah ! loin d'amuser vos caprices
    A rire de tous les travers,
    A suivre des plaisirs factices,
Ne vaudroit-il pas mieux, oubliant l'univers,
Aimante autant qu'aimée, en des liens propices
Abandonner vos jours aux plus pures délices ?
Considérez quel sort ont les amants : entre eux
    La peine, la joie est commune.
Ils obtiennent chacun, dans un échange heureux,
Deux cœurs au lieu d'un cœur, deux ames au lieu d'une,
Et sentent, partageant leurs craintes, leurs desirs,
La moitié des chagrins, le double des plaisirs.
    Ainsi, dans une même ivresse,
Faisant du jour une heure, et de l'heure un moment,
    De leur cœur, par le sentiment,
    Ils éternisent la jeunesse,
Et la vie est pour eux un long enchantement.
Tel est le vrai bonheur ; il doit être le vôtre.

Belle, aimable, pourquoi toujours le refuser?
Pourquoi, sur vos destins prompte à vous abuser,
Ne pas doubler votre ame en vivant dans une autre?
Quelle est votre existence? un triste et froid sommeil.
Ne sentez-vous jamais le besoin du réveil?

  Croyez-moi; la glace, embellie
Par vos traits répétés dans son heureux cristal,
Vous dit qu'à votre éclat nul éclat n'est égal,
Que vous êtes la rose au matin de la vie :

  Mais, quels que soient tous vos appas,
L'âge fuit, entraînant les graces sur ses pas;
Il arrive un moment où l'on est moins jolie;

  Aglaure, ne l'attendez pas.
Profitez des instants que la beauté vous donne?
Dans le champ des plaisirs récoltez aux beaux jours;
Est-ce donc en hiver qu'il faut que l'on moissonne?
Choisissez pour aimer la saison des amours.
Jeunesse et sentiment veulent qu'on les rassemble :
Jeunesse et sentiment, ils vont si bien ensemble!
Ne séparez donc pas ce qui s'unit toujours.
La gloire vous séduit, l'amour la donne aux belles ·
L'amour plus d'une fois les rend immortelles.
Voyez Sapho, voyez Héloïse, Didon;
L'avenir consacra leurs foiblesses heureuses;
Et l'on ne peut nommer ces beautés amoureuses
Sans donner un soupir, une larme à leur nom

Que vous dirai-je enfin? plusieurs femmes sensibles
    Vivent dans la postérité;
Mais Lucrèce, parmi les belles invincibles,
    Est le seul nom qu'on ait cité.
Diane, si sévère au milieu des déesses,
Laissa pour un berger échapper ses caresses :
On ne peut le nier, quoique les bois, la nuit,
Fussent les seuls témoins de ses faveurs secrètes;
    Mais les nymphes sont indiscrètes,
Et les moindres baisers font encor quelque bruit.
    Espérez-vous, simple mortelle,
    Être plus sage que les dieux?
L'exemple de la terre et l'exemple des cieux,
    Tout au sentiment vous appelle :
Aimez donc; d'un doux nœud laissez-vous enchaîner,
Méritez le bonheur en daignant le donner;
Et soyez la plus tendre ainsi que la plus belle.

VERS A LE BRUN,

QUI DÉFEND AUX FEMMES D'ÊTRE POETES.

Sublime héritier de la lyre,
Abjure ta rigueur contre un sexe adoré;
Permets qu'épris du Pinde il suive le délire
Qu'il t'a si souvent inspiré.
Pourquoi donc de l'Amour craindroit-il la disgrace?
Jamais de la beauté l'Amour n'est le censeur;
Et le luth d'Apollon sous la main d'une Grace
Ne peut que résonner avec plus de douceur.
Il est vrai que ce sexe, aux rives d'Aonie,
Ne pourroit, de ta lyre égalant l'harmonie,
Par une image neuve, un mot audacieux,
De la langue étonnée agrandir le génie,
Et peindre la nature en vers majestueux;
Des travaux imposants il trompe l'énergie :
Mais la douce romance, et la tendre élégie,
Il sait bien les saisir, et faire tour-à-tour
Parler en vers charmants et la grace et l'amour.
        Vois Sapho, par Phaon trahie;
Elle rendit son art confident de ses pleurs,
Et mérita la gloire en chantant ses malheurs.

Le siècle de Corneille a vanté Deshoulière;
Et Verdier, Dufrenoy, d'Antremont, et Beaufort,
Dans nos jours, d'un heureux effort
Ont du docte Hélicon atteint la cime altière;
Leur chant du dieu des arts embellit les concerts.
Peux-tu, quand tu les lis, leur défendre les vers?
L'autan impétueux, qui sur l'humide empire
Fait retentir au loin son imposante voix,
    Laisse soupirer le zéphire
    Sous l'ombre mobile des bois;
Et des monts à grand bruit le torrent roule et gronde
    Sans empêcher que le ruisseau
    Charme la pente d'un coteau
    Du doux murmure de son onde.
    Les belles, faites pour charmer,
    Par tous les moyens de séduire
    Ont droit d'assurer leur empire;
On se plaît à les lire autant qu'à les aimer.
    Non, il n'est pas une victoire
Dont ces objets chéris ne méritent l'honneur.
Nous leur devons l'amour, l'espoir, et le bonheur;
Sachons leur pardonner le talent et la gloire.

LUCRÈCE.

RÉCIT HISTORIQUE EN VERS.

Quand sur les bords fameux du Tibre
Le sanglant despotisme osoit dicter des lois :
    Quand le Romain, près d'être libre,
Baisoit les pieds sanglants du dernier de ses rois ;
    Sous Tarquin la belle Lucrèce,
Loin de tous les plaisirs, au bel âge si doux,
Loin des jeux d'une cour brillante, enchanteresse,
    Entre ses fils et son époux,
Au fond de son palais enfermoit sa jeunesse.
Rarement en public elle portoit ses pas,
Rome la connoissoit et ne la voyoit pas :
    Mais Rome ne parloit que d'elle.
Le bruit de ses vertus, de ses chastes appas,
Retentissoit par-tout : la mère aux mœurs fidèle,
À sa fille en secret la donnoit pour modèle :
Et le nouvel époux de l'heureux Collatin
En marchant aux autels envioit le destin....
Contre les Ardéens Tarquin faisoit la guerre :
Au pied de leurs remparts son camp couvroit la terre
Les seigneurs de sa cour, auprès de lui rangés,

Collatin son parent et sa famille entière,
L'ont suivi sous ses murs, par lui-même assiégés.
Les plaisirs occupoient le loisir militaire :
Ils mêloient dans un camp, au milieu des hasards,
Les cris de l'alégresse aux accents des trompettes,
Les jeux de Rome absente aux jeux présents de Mars,
Et, la coupe à la main, méditoient des conquêtes.
Un jour le vin, la joie, ayant troublé les têtes,
Sur les dames de Rome amena l'entretien.
Chacun loua sa femme et vanta son lien.

    Collatin parla de Lucrèce,
Comme un époux d'amour et d'orgueil transporté,
    Qui dans l'objet de sa tendresse
Voit la sagesse aimable unie à la beauté.
Il soutient qu'elle offroit l'un et l'autre avantage.
On doute, il se récrie, et le débat s'engage...
Rome est près, volons-y, dit-il ; que chaque époux
Chez sa femme soudain, sans être attendu d'elle,
    Nous conduise : nous verrons tous
Et quelle est la plus sage, et quelle est la plus belle.
On reçoit le défi : remplis du même espoir
    Sur leurs coursiers ils partent, ils arrivent.
    Déja les ombres qui les suivent
Ont au jour expirant fait succéder le soir.
    C'est l'heure où les jeunes princesses,
Étalant sur leurs fronts honteusement sereins

Les attributs du luxe et l'éclat des richesses ,

Dans les jeux , la parure , et les bruyants festins ,

De l'hymen solitaire oublioient les chagrins ,

Quand leurs parents , au sein d'une terre étrangère ,

Prodiguoient tout leur sang pour elles , pour l'état ,

Et qu'un seul coup pouvoit dans un fatal combat

Les priver d'un ami , d'un époux , et d'un père.

Lucrèce , préférant le travail à l'éclat ,

Seule avec ses enfants , ses esclaves , ses femmes ,

De laine en ce moment faisoit ourdir des trames ,

  Sans cesse dans les traits d'un fils

De Collatin absent cherchoit les traits chéris ,

Et craignant les combats , desirant la victoire ,

  Prioit pour sa vie et sa gloire.

Dans cet état touchant ils la surprennent tous.

Elle devint plus belle en voyant son époux ,

Le prix lui fut donné d'une voix unanime.

Sextus , fils du tyran , et tyran comme lui ,

Sextus , pour elle épris , brûle , et médite un crime.

Craignant que son amour n'obtienne aucun appui ,

  Il veut prévenir cet outrage :

  Il dédaigne ce doux langage ,

Ces soins respectueux , cette attentive cour ,

  Ces égards soumis dont l'hommage

  Fait , triomphant de jour en jour ,

Sourire innocemment la pudeur moins sauvage.

Peu jaloux d'être aimé, jaloux d'être vainqueur,
Ne suivant d'autre loi que l'amour qui l'inspire,
Il cherche à la dompter, et non à la séduire,
Brûle pour ses attraits, sans prétendre à son cœur.
Chacun retourne au camp, il reste seul à Rome.
Quand la nuit, déployant des voiles plus épais,
Répand sur l'univers le silence, et de l'homme
    Couvre et seconde les forfaits,
Sextus de ses desseins veut tenter l'infamie.
Il court vers le palais où Lucrèce endormie
    Goûtoit dans un calme trompeur
Un sommeil aussi doux, aussi pur que son cœur.
Il s'arrête un moment; mais sa fureur l'emporte,
Il entre, il vole au lit de Lucrèce, et soudain :
Je suis Sextus, dit-il, un glaive est dans ma main ;
Si vous jetez un cri, tremblez, vous êtes morte.
Ce discours menaçant et ce poignard qui luit,
L'aspect d'un étranger au milieu de la nuit,
    Une lampe, jetant dans l'ombre
    Une clarté mourante et sombre,
Tous ces objets affreux, la troublant à-la-fois,
À Lucrèce surprise ont dérobé la voix.
Sextus, lui déclarant son ardeur effrénée,
Veut usurper les droits dus au seul hyménée :
    Il la prie, elle est sans pitié :
    Il la menace, elle est sans crainte :

Larmes, fureurs, prières, feinte,
Tout est vainement employé.
« Tu mourras ; mais c'est peu, dit-il avec colère ·
« Dans ta couche où tu fuis mon amour outragé
« Je place, en t'égorgeant, un esclave égorgé :
« Et Rome te croira par une main sévère
« Et surprise et punie au sein de l'adultère ;
« Tant qu'on te nommera Sextus sera vengé. »
Lucrèce à ce discours sent tomber son courage :
Le tableau de son nom diffamé d'âge en âge
Fait sur son cœur tremblant ce que ne faisoient pas
Les transports d'un amour et l'aspect du trépas.
Elle n'oppose plus un refus si paisible ;
Elle implore Sextus, Sextus reste inflexible.
Un instant néanmoins ses yeux de pleurs noyés,
Sa belle chevelure au hasard répandue,
Arrêtent de Sextus la fureur suspendue :
Elle croit le fléchir, elle embrasse ses pieds
Qu'elle baigne en tremblant de ses larmes brûlantes,
Presse d'atroces mains de ses mains défaillantes,
Et prodigue les cris, les sanglots, la terreur,
Tout ce qui de l'amour peut fléchir la fureur :
Son trouble, ses tourments l'embellissent encore ;
Son vil séducteur, qui dévore
L'auguste nudité de ses chastes appas,
Lui présente toujours la honte ou le trépas.

Il va frapper : enfin Lucrèce n'a plus d'armes.

Voyant, malgré les cris de l'honneur combattu,

Qu'il faut à cet honneur immoler sa vertu,

Elle tombe immobile, et sans voix et sans larmes...

Sextus, qu'oses-tu faire? Arrête... C'est en vain!

Ce front pâle et penché, ces yeux fermés, ce sein,

Ce sein tremblant d'horreur, ces sanglots, cette bouche

Qui se détourne encor d'un baiser criminel,

Rien ne peut désarmer son audace farouche :

Sextus.... l'amour, hélas! peut donc être cruel!

Sextus, dans les transports d'une barbare joie,

Saisit entre ses bras sa palpitante proie,

    Assouvit ses desirs affreux,

Et la quitte vainqueur en se croyant heureux...

Il étoit déja loin : Lucrèce consternée

Ouvre enfin sa paupière en craignant de l'ouvrir,

Entrevoit en tremblant sa couche profanée,

Détourne ses regards, et ne veut que mourir.

    A son époux, à son vieux père

Elle envoie aussitôt sous les murs ennemis

Un courrier qui les mande avec tous leurs amis

Pour un malheur affreux qu'elle ne peut leur taire.

    Tous deux accourent étonnés.

De mortels généreux ils sont accompagnés,

Sur-tout de ce Brutus qui, dès l'adolescence,

Cacha sous une fausse et stupide apparence,

17

Masque qu'il emprunta pour des desseins si grands.
Le vengeur des Romains et l'effroi des tyrans.
Lucrèce à leur aspect a retrouvé des larmes.
Enfin de son époux, de son père en alarmes
    Serrant avec transport les mains :
Vous êtes mon époux, dit-elle, et vous, mon père !
Cette nuit, nuit d'horreur ! digne fils des Tarquins,
Sextus, aussi marqué du vil sceau de sa mère,
Vint souiller mon honneur par des feux inhumains.
Vous me voyez rougir d'une honte adultère !
Mais je n'ai rien commis qu'un crime involontaire :
    Le bras armé d'un glaive nu,
Il remporta sur moi cette affreuse victoire
Qui lui coûtera cher, si, vous étant connu,
Mon malheur vous invite à venger ma mémoire.
Mon ame est pure au moins, mais mon corps est souillé :
Je vais punir sur lui l'affront fait à ma gloire...
À ces mots, d'un poignard dans son lit recelé,
Elle se frappe et meurt, en répétant Vengeance !
Les spectateurs surpris jettent un cri soudain :
Mais Brutus, échappant à sa feinte démence,
Montre alors tout entier son cœur déja romain :
Et son génie altier, qu'éveille l'injustice,
Sort du sommeil paisible où le tint l'artifice.
Il retire le fer dans Lucrèce enfoncé :
« Je jure par ce sein qu'a souillé cette injure,

« Ce sein chaste, dit-il, l'honneur de la nature,
« Par ce sang généreux qu'elle-même a versé,
« Par ce cadavre nu qu'attend la sépulture,
« D'éteindre pour jamais la race des Tarquins,
« Et des fers les plus vils d'affranchir les Romains. »
Ils font tous ce serment sur l'arme meurtrière,
La passent dans les mains d'un époux et d'un père,
Et sur la place, aux yeux d'un peuple épouvanté,
De Lucrèce traînant le corps ensanglanté,
Dans une urne aussitôt consacrant sa poussière,
Contre les oppresseurs appellent Rome entière.

    À cet appel Rome répond,
    Et sur cette urne révérée
    Se promet de venger l'affront
D'une chaste beauté, d'une épouse adorée.
Chacun voit sur sa tombe une divinité.
    Le peuple, d'un œil attristé
La contemple, l'entoure, et la couvre d'offrandes;
    Tous les guerriers, la lance en main,
    Y font toucher leurs boucliers d'airain,
Et les femmes en pleurs la couvrent de guirlandes...
Lucrèce, des splendeurs de ce monde nouveau,
    Où sa belle ame est exposée,
Reluit calme et brillante aux bosquets d'Élysée,
Et s'élève à l'aspect d'un honneur aussi beau.

PREMIER CHANT

DE

LA PHARSALE,

TRADUCTION LIBRE ET ABRÉGÉE.

Lu à l'Institut national, le 15 messidor an V.

Je chante les combats et les malheurs du Tibre,
Où tout un peuple-roi, las d'être grand et libre,
Tourna sur lui la main qui vainquit l'univers,
Où l'on vit la victoire absoudre les pervers,
L'aigle combattre l'aigle, et l'intérêt d'un homme
Dans les champs de Pharsale opposer Rome à Rome..

Romains, où courez-vous? et par quelles fureurs
Offrez-vous aux vaincus les crimes des vainqueurs?
Lorsque de vos affronts Babylone est ornée,
Quand de Crassus sanglant l'ombre encore indignée
Erre aux bords de l'Euphrate et demande un vengeur,
Vous cherchez des combats où la mort, sans honneur,
Suit toujours la défaite; où même la victoire
Ne peut à son triomphe associer la gloire!

Rome, combien d'états, qui demandoient tes fers,
T'auroient un jour donné tout ce sang que tu perds!
Oui, du nord au midi, du couchant à l'aurore,
Tout ce qui te restoit à conquérir encore,
Tout fléchissoit: le Scythe alloit courber son front;
L'Euphrate sous le joug expioit ton affront;
L'Araxe étoit soumis, et le Nil tributaire
De sa source secrète eût trahi le mystère.

Hélas! dans l'Italie on voit de tous côtés,
Sous leurs remparts détruits, s'écrouler les cités;
Tout a fui de leurs toits l'enceinte désertée;
L'Hespérie est inculte, et Cérès attristée
Voit ses trésors flétris se changer en buissons:
La main du laboureur manque aux champs sans moissons
O Pyrrhus! O Carthage! O Gaulois! dont les armes
Jadis au Capitole ont appris les alarmes!
Non, ces maux ne sont pas l'ouvrage de vos mains;
Rome ne doit sa perte, hélas! qu'à des Romains.

Quelle cause a produit cette coupable guerre?
C'est le ciel envieux des grandeurs de la terre,
Qui veut que tout pouvoir, qu'au faîte il a placé,
Par son trop de hauteur soit bientôt renversé;
C'est des faveurs du sort la mesure comblée:
C'est Rome enfin tombant sous son poids accablée.

Ainsi, lorsque le temps, sous ses puissants efforts,
De l'univers usé brisera les ressorts,
Tout sera confondu ; de sa course enflammée,
Le soleil oubliera la route accoutumée ;
Les cieux s'écrouleront, l'un par l'autre heurtés :
Les astres dans les mers éteindront leurs clartés :
L'Océan de son lit rejettera les ondes,
Et l'antique chaos ressaisira les mondes.
Ainsi de cent états, sous sa chute affaissés,
Rome étale, en tombant, les débris entassés.
L'excessive grandeur se dévore elle-même.
Oui, tels sont les humains : l'autorité suprême
Ne veut point de partage, et les plus chers amis,
Placés au même rang, sont bientôt ennemis.
Il ne faut point ouvrir une histoire étrangère :
Rome en ses murs naissants vit le meurtre d'un frère :
Le prix de ce forfait qui souilla son berceau
Étoit-il l'univers? Non, c'étoit un hameau !
Un accord qui voila leur haine enveloppée
Parut joindre un moment César avec Pompée ;
Tant que le fier Crassus, régnant au milieu d'eux,
De son pouvoir rival les contint tous les deux,
Comme d'un isthme étroit les rives opposées
Arrêtent de deux mers les fureurs divisées.
S'il tomboit, l'Archipel, sorti de ses canaux,
De la mer d'Ionie iroit heurter les flots :

Tel Crassus, par sa mort détruisant l'équilibre,
À César, à Pompée, ouvrit un champ plus libre.
Tous deux ne suivent plus que leurs seuls intérêts.

Il se joignoit encore à leurs desseins secrets
De discorde et de mort ces semences publiques
Qui perdirent toujours les grandes républiques.
Dès que de l'univers conquis par les Romains,
La dépouille captive eut enrichi leurs mains,
Eut corrompu leurs mœurs, leurs vertus, étouffées
Sous le poids des trésors et l'amas des trophées;
Des tables, des palais le luxe somptueux
Démentit la candeur de nos simples aïeux.
Tout changea : la beauté, moins modeste et moins pure,
Vit l'homme efféminé surpasser sa parure :
On dédaigna l'antique et sainte pauvreté,
La mère des héros et de la liberté.
Le riche à l'indigent déroboit son domaine ;
Ces champs étroits, qu'aux jours de la vertu romaine
Sillonna l'humble soc des plus grands citoyens,
Sous un seul maître alors formoient de vastes biens,
Et dans Rome, croulant vers sa chute profonde,
Le désordre accourut des limites du monde.
De la perte des mœurs ordinaires effets !
Le besoin sans scrupule ordonna les forfaits.
On ne respecta rien : on mit l'honneur suprême

À se rendre puissant plus que Rome elle-même ;
Et le droit du plus fort fut le seul reconnu.
De là, le consulat par le meurtre obtenu,
Du peuple et du sénat la puissance flétrie,
Les tribuns, les consuls déchirant la patrie,
Les Romains aux Romains se vendant sans pudeur :
Le fléau qui sur-tout a sapé leur grandeur,
La brigue, au champ de Mars souillé de ses scandales,
Prodiguant tous les ans les dignités vénales,
La dévorante usure, et l'abus du pouvoir,
Le crime, qui du trouble a fait son seul espoir,
La fraude remplaçant la foi pure et sincère,
Et la guerre, au grand nombre à la fin nécessaire.

Déja, le cœur rempli de ses hardis projets,
César de l'Apennin a franchi les sommets :
Déja du Rubicon il aborde la rive ;
De la patrie en pleurs la grande ombre plaintive,
Comme un fantôme immense environné de feux,
Dans l'ombre de la nuit apparoît à ses yeux ;
De funèbres habits elle est environnée ;
De sa tête superbe, et de tours couronnée,
Descendent sur ses bras dépouillés et sanglants
Les débris dispersés de ses longs cheveux blancs.
Immobile, et poussant des sanglots lamentables :
« Romains, où portez-vous ces enseignes coupables ?

« Dit-elle. Encore un pas, vous n'êtes plus à moi.

« Arrêtez! » À ces mots, plein d'un subit effroi,

César, comme enchaîné, sur la rive s'arrête :

Ses cheveux hérissés se dressent sur sa tête.

Mais rappelant son cœur un moment égaré :

« O toi, dit-il, dans Albe autrefois adoré,

« Et qui de cette roche en héros si féconde,

« Domines aujourd'hui sur la reine du monde,

« Jupiter, dieux qu'Énée en ces lieux apporta,

« Vous, feux toujours ardents qui brûlez pour Vesta,

« Romulus, habitant des champs de la lumière,

« Toi sur-tout de mon cœur divinité première,

« Rome, sers mes projets; non, mon bras criminel

« Ne veut point se plonger dans ton flanc maternel.

« Vainqueur des nations, je suis ton fils encore,

« Je défendrai par-tout ce grand nom que j'adore.

« Si j'arbore à tes yeux un rebelle étendard,

« Le crime est à Pompée et non pas à César. »

Il dit : et le premier il s'élance dans l'onde.

Tel, aux déserts brûlants de l'Afrique inféconde,

Un fier lion s'arrête à l'aspect du chasseur.

Immobile, et dans lui renfermant sa fureur,

Il rassemble un moment sa force tout entière;

Mais dès que sur son front il dresse sa crinière,

Quand du fouet de sa queue il bat ses vastes flancs,

Et fait frémir les airs de longs rugissements,

Si du chasseur hardi l'indiscrète vaillance
L'arrête en ses filets, ou l'atteint de sa lance,
Se jetant sur le fer que son sang a trempé,
Terrible, il fait trembler le bras qui l'a frappé.

Le destin de César vient consacrer l'audace.
Du sénat irrité l'imprudente menace
A chassé des tribuns au fier César vendus :
Dans son camp aussitôt ils volent éperdus.
Curion dont la voix toujours impétueuse,
Vénale maintenant, autrefois vertueuse,
Fier organe des lois et de la liberté,
Arma contre les grands tout le peuple irrité,
Curion vers César à leur tête s'avance,
Il trouve le héros méditant sa vengeance ;
Il lui dit du sénat les desseins et les coups,
Et contre ses rivaux excite son courroux.
Le héros, au discours du tribun qui l'enflamme,
Sentant vers les combats s'élancer sa grande ame,
Assemble son armée, et dit : « Braves soldats,
« Quand, vainqueurs des Gaulois, des Alpes, des frimas,
« Vous avez, avec moi triomphant dix années,
« Rougi de l'Océan les ondes étonnées,
« Voilà donc quel honneur, quel prix vous est rendu !
« A l'effroi que mon nom dans Rome a répandu,
« On diroit qu'Annibal tonne encore à ses portes !

« Chaque citoyen s'arme, on double les cohortes,

« Les forêts contre moi se courbent en vaisseaux ;

« On ordonne ma mort sur la terre et les eaux.

« Eh ! qu'auroient-ils donc fait, si, souillant ma mémoire

« Ma fuite aux fiers Gaulois eût laissé la victoire ?

« C'est quand je suis vainqueur qu'on m'ose défier !

« Qu'il paroisse ce chef qui pense m'effrayer,

« Ce Pompée, énervé de luxe et de mollesse ;

« Et ce grand Marcellus qui harangue sans cesse,

« Et ces guerriers d'hier, ces sénateurs soldats,

« Ces Catons, tous ces noms que César ne craint pas.

« C'est donc peu qu'élevé par des mains mercenaires,

« Il ait ravi vingt ans les faisceaux consulaires :

« Qu'il ait affamé Rome, et, pour quelques exploits,

« Triomphé dans un âge interdit par les lois ;

« Qu'il ait, pour effrayer la justice égarée,

« Souillé d'affreux soldats son enceinte sacrée :

« Son orgueil, plus ardent sur le bord du tombeau,

« D'une coupable guerre allume le flambeau,

« Et, craignant de quitter un rang illégitime,

« Veut surpasser Sylla qui l'instruisit au crime !

« Ah ! si tu fus, Pompée, un tyran comme lui,

« Comme lui sache au moins abdiquer aujourd'hui.

« Croirois-tu donc déja ma valeur terrassée ?

« Ce n'est pas cette horde aisément dispersée,

« De brigands vagabonds qui ravageoient les mers,

« Ni ce roi qui, lassé de trente ans de revers,

« Daigna par le poison achever ta victoire :

« C'est César ! Il saura te disputer sa gloire !

« Mais je renonce à tout : que du moins ces soldats,

ı Blanchis dans les travaux, usés dans les combats,

« Reçoivent des honneurs qu'on doit à ma conquête :

« Qu'un autre, j'y consens, marche même à leur tête.

« Où donc traîneroient-ils au sein de leurs vieux ans,

« De leurs jours épuisés les restes languissants ?

« Veux-tu, ne leur donnant que des terres ingrates,

« Dans des champs fortunés placer tes vils pirates ?

« Veux-tu pour des brigands exiler des héros ?

« Ah ! marchons, mes amis : élevons ces drapeaux

« Long-temps victorieux sur de lointains rivages :

« Marchons, et profitons de tous nos avantages.

« Refuser au vainqueur ce qu'il doit obtenir,

« Soldats, c'est lui donner tout ce qu'il peut ravir.

« Le ciel même est pour nous : l'empire, le pillage

« N'est pas l'indigne but où tend notre courage.

« Rome est prête à tomber sous le sceptre des grands :

« Allons délivrer Rome, et chasser les tyrans. »

Soudain à ce discours les soldats applaudissent :

Et leurs cris, dont les bois et les monts retentissent,

Leurs innombrables mains qu'ils élèvent aux cieux

Promettent à César de remplir tous ses vœux.

L'écho frémit au loin ; tels aux champs d'Émathie,
Les chênes qu'ont courbés les enfants d'Orithie,
De leurs fronts orgueilleux, un moment renversés,
Relèvent à grand bruit les rameaux fracassés.
César voit rassemblé sous ses aigles altières
Le corps vaste et puissant de ses forces entières :
Sa confiance avide a doublé dans son cœur.
Fier, précédé d'un nom qui seul le rend vainqueur,
Dans toute l'Italie il répand ses cohortes,
Et de mille cités se fait ouvrir les portes.
Le bruit en vole à Rome, et jette la terreur ;
La renommée encor, prompte à semer l'erreur,
Joint à ce juste effroi des alarmes trompeuses,
Grossit la vérité de rumeurs fabuleuses,
Et porte au citoyen, d'épouvante frappé,
Du revers qui l'attend l'augure anticipé.
On dit que des soldats dispersés dans l'Ombrie
Ravagent de ses champs la richesse flétrie ;
Qu'aux plaines où du Nar, épanché dans ses eaux,
Le Tibre enfle son cours et roule à plus grands flots,
César étend au loin ses ailes alliées ;
Et lui-même, au milieu d'enseignes déployées,
Animant d'un coup d'œil ses bataillons poudreux,
Fait sur deux rangs serrés marcher un camp nombreux.
On croit le voir, non tel qu'aux jours où la victoire
Rangeoit Rome et Caton du parti de sa gloire :

18

Mais cruel, mais traînant un ramas assassin
De peuples qui, sortis des Alpes et du Rhin,
Vont, aux yeux des Romains, saccager Rome entière,
Et donner un monarque aux maîtres de la terre.
L'effroi fait croître ainsi les bruits qui l'ont formé.

Le peuple cependant n'est pas seul alarmé :
Ces pères, que l'honneur rendoit jadis émules,
S'élancent en tremblant de leurs chaises curules,
Et laissent aux consuls, dans ces grands intérêts,
Pour défendre l'état de fastueux decrets.
Tout fuit; et l'on diroit que, pressant ses cohortes,
César, qui les poursuit, brise déja leurs portes.
On diroit que déja leurs fronts sont écrasés
Sous les débris fumants de leurs murs embrasés.
Rien n'arrête leurs pas, ni leur épouse en larmes,
Ni leurs dieux, autrefois protecteurs de leurs armes,
Ni les cris d'un vieux père approchant du tombeau,
Ni les bras étendus d'un enfant au berceau ;
Aucun d'eux sur le seuil du toit qui l'a vu naître,
Toit chéri que ses yeux ne verront plus peut-être,
Ne s'arrête incertain; aucun vers ses remparts
Ne jette en soupirant quelques derniers regards.
Le flot du peuple a pris son cours irrévocable :
O destin! dont le bras nous porte et nous accable,
Ne donnes-tu jamais les grandeurs aux humains

Que pour briser l'ouvrage élevé par tes mains ?
Cette superbe ville, en habitants féconde,
L'effroi, l'étonnement, et la reine du monde,
Où cent peuples vaincus viennent porter leurs fers,
Qui pourroit en son sein renfermer l'univers,
Vide de citoyens, au bruit de la tempête,
Abandonne à César sa facile conquête.
Pardonnons à l'effroi de ce peuple troublé ;
Le grand Pompée a fui : qui n'auroit pas tremblé ?
Le ciel, pour mieux frapper les habitants de Rome,
Leur déroba l'espoir, dernier trésor de l'homme :
Et d'un triste avenir annonçant les revers
De prodiges affreux effraya l'univers.

L'étoile, des malheurs fatale avant-courrière,
Déploya dans les cieux sa sanglante crinière.
Le tonnerre tomba sans nuage et sans bruit :
Le jour vit se lever les ombres de la nuit.
La lune, tout-à-coup dans son orbe effacée,
Pâlit, et se cacha, par la terre éclipsée.
Le soleil, détournant son visage attristé,
Voila son char de feu d'un crêpe ensanglanté,
Et fit craindre la nuit éternelle et profonde
Dont le festin d'Atrée a menacé le monde.
Vulcain ouvrit l'Etna : l'Etna, qui vers les cieux
Lançoit en tourbillons ses rochers et ses feux,

Penche sa bouche ardente, et vers Rome alarmée
Fait rouler à grands flots une lave enflammée.

Dans une mer de sang Charybde tournoya ;
Scylla, triste et plaintive, en longs cris aboya.

L'Apennin ébranlé fit de sa tête nue
Tomber les vieux glaçons qui menaçoient la nue.

L'airain versa des pleurs ; sortis d'un noir séjour,
Les nocturnes oiseaux vinrent souiller le jour :

Les hôtes des forêts accoururent dans Rome,
Et l'animal parla le langage de l'homme.

L'enfant sort monstrueux du flanc qui le produit,
Et la mère recule à l'aspect de son fruit.

Sur son trépied divin la sibylle inspirée
Parle, et se couvre encor d'une écume sacrée,

Les prêtres de Pluton, de Cybèle et de Mars,
Les membres déchirés et les cheveux épars,

Tout sanglants, agités de fureurs prophétiques,
Hurlent en chants de mort leurs lugubres cantiques.

Les bois retentissoient du cri lent des corbeaux ;
Des fantômes erroïent tout couverts de lambeaux.

Erynnis, secouant une torche brûlante,
Et dressant ses serpents sur sa tête sifflante,

De sa course rapide épouvante nos murs ;
Le sol qu'elle a souillé fuit sous ses pas impurs.

Les marbres des tombeaux sur leurs bases frémirent :
Les ossements des morts dans leurs urnes gémirent,

Et l'Anio glacé vit, près de ses roseaux,
Marius, secouant la poudre des tombeaux,
Soulever à grands cris sa tête ensanglantée,
Et d'horreur rebroussa son onde épouvantéé.

TRADUCTION
D'UN MORCEAU D'ESCHŸLE.

Prométhée, dans la tragédie de ce nom, attaché par de
longues chaînes à un roc sauvage, parle aux nym-
phes de la mer, qui forment le chœur.

Écoutez, le silence augmenteroit ma peine.
Parmi les dieux régnoient la discorde et la haine.
Les uns, de Jupiter secondant les desseins,
Vouloient placer le sceptre entre ses jeunes mains;
Les autres, de Saturne embrassant la défense,
Soutenoient hautement son antique puissance.
Dans ce parti brilloient ces Titans monstrueux,
Du Ciel et de la Terre enfants impétueux :
Sur leur force ils fondoient leur superbe assurance.
La sage déité dont je tiens la naissance,
Thémis, m'avoit prédit que, domptant la valeur,
L'art seul, dans ce débat, nommeroit le vainqueur.
J'avertis les Titans : discours vains et frivoles!
Leur aveugle mépris rejeta mes paroles.
Dès-lors à Jupiter, qui m'attira vers lui,
Blessé de leurs dédains, je portai mon appui.
Ce dieu, par mes conseils, joint la force à l'adresse,

Les attaque, les dompte, et sa main vengeresse
Fait, en les foudroyant, rouler du haut des airs
Saturne et ses guerriers jusqu'au fond des Enfers.
Ainsi de Jupiter j'assurai la puissance :
Il me doit tout, voyez quelle est ma récompense ;
Voyez le prix affreux du trône où je l'ai mis !
Le tyran ombrageux craint même ses amis.
Mais voulez-vous savoir l'objet de sa colère ?
Apprenez tout : Assis au trône de son père,
Il sut, pour affermir sa naissante grandeur,
Des dieux, par ses bienfaits, captiver la faveur ;
Mais aux foibles mortels sa barbare menace
Voulut substituer une nouvelle race ;
J'osai seul résister à son cruel dessein :
Mon zèle courageux sauva le genre humain,
Qui, tombant sous ses coups, du royaume des ombres
Auroit, sans mon secours, peuplé les rives sombres.
Je fis plus : sans projet, sans lumière, et sans lois,
Les humains dispersés erroient au fond des bois ;
De l'Olympe pour eux je dérobai la flamme ;
Je leur appris les arts, et j'éclairai leur ame.
C'est là ce qui rendit Jupiter furieux ;
C'est là ce qui me perd. Qu'il jouisse ! et des cieux,
Où de me tourmenter il se fait une étude,
Qu'il contemple mon sort et son ingratitude.

PROSCRIPTIONS

DE

MARIUS ET DE SYLLA.

FRAGMENTS D'UNE TRADUCTION LIBRE ET ABRÉGÉE
DE LA PHARSALE.

Nec non, bella viri diversaque castra
petentes, etc.

PHARSAL. lib. II.

Sous des drapeaux divers les Romains entraînés
Disoient en gémissant : « Guerriers infortunés !
« Que n'avons-nous vécu loin de ce temps impie,
« Dans les jours moins affreux de Canne et de Trébie !
« Dieux, nous n'aspirons pas aux douceurs de la paix :
« Menez-nous aux combats, et non point aux forfaits.
« Que le Sarmate altier, et le Scythe et le Maure,
« Les peuples du midi, du nord et de l'aurore,
« S'élancent contre nous de leurs climats divers
« Accablez Rome enfin du poids de l'univers.
« Mais loin de nous l'horreur d'une guerre intestine !

« Ou si du nom Romain vous jurez la ruine,

« Qu'une brûlante pluie, en torrents enflammés

« Tombe sur les deux camps à-la-fois consumés;

« Que Pompée et César, dont les vœux vous irritent,

« Expirent sous vos coups avant qu'ils les méritent.

« Ah! de tant de forfaits faut-il souiller nos mains,

« Pour qu'un d'eux ait le droit d'opprimer les humains?

« Pour s'affranchir des deux ce seroit trop peut-être! »

La jeunesse, tremblant de servir sous un maître,

Exhaloit en ces mots ses stériles douleurs :

Mais les vieillards, déja témoins de ces malheurs,

Maudissoient en pleurant leur sort et leur patrie,

Le funeste présent d'une trop longue vie.

« Je les revois, dit l'un à ses fils éperdus,

« Ces jours de deuil, ces temps où le fier Marius,

« Ce vainqueur des Teutons, chassé de l'Italie,

« Cacha dans les marais sa tête ensevelie,

« Et bientôt découvert sous leurs impurs roseaux,

« De cet abri fangeux passa dans les cachots.

« D'avance il subissoit la peine de ses crimes.

« Né pour finir ses jours sur un tas de victimes,

« Dans Rome que ses mains oseront embraser,

« Le trépas qui l'attend semble le refuser.

« Un Cimbre en sa prison pour l'immoler s'avance ·

« Il recule à l'aspect du héros sans défense ;

« Il fuit ; il a cru voir sous ses murs ténébreux,

« Des éclairs redoublés jetant un jour affreux,

« Des esprits infernaux toute la troupe impure

« Et Marius déja dans sa grandeur future.

« Une voix l'a frappé : respecte Marius,

« Cimbre ; à ton bras obscur ses jours ne sont pas dus.

« Avant de pénétrer dans le royaume sombre,

« Il faut que d'autres morts y précèdent son ombre.

« Respecte Marius : tes peuples égorgés,

« En lui laissant le jour, seront bien mieux vengés.

« Son sort change en effet. Affranchi de ses chaînes,

« Il erre quelque temps sur des plages lointaines.

« Il parcourt la Lybie, et ces bords habités

« Par ces peuples sans frein, qu'il a jadis domptés.

« Il foule aux pieds Carthage et sa cendre immortelle,

« Et comme elle abattu, se console avec elle.

« C'est là qu'enfin les dieux relèvent son destin.

« Le bruit de ses revers enflamme l'Africain :

« Son grand nom, sa valeur, à vaincre accoutumée,

« D'esclaves, de brigands, lui donnent une armée.

« Il ne veut que des cœurs dans les forfaits vieillis ·

« Et les plus criminels sont les mieux accueillis.

« Quel fut ee jour marqué par tant de funérailles,

« Où Marius vainqueur entra dans nos murailles?

« La mort voloit partout : l'un sur l'autre étendus,

« La noblesse et le peuple expirent confondus.

« Sur leurs têtes au loin le glaive se promène.

« Plus de respect pour l'âge : une foule inhumaine

" Égorge le vieillard qui descend au tombeau,

« Et l'enfant malheureux couché dans son berceau.

« L'eufant ! du jour à peine il voyoit la lumière :

« Qu'a-t-il fait pour mourir en ouvrant la paupière ?

« Il vit ; c'en est assez : du soldat menaçant.

« La fureur le rencontre et l'immole en passant.

» Elle frappe au hasard, elle entasse les crimes,

« Dans le barbare effroi de manquer de victimes.

« De morts et de mourants les temples sont jonchés :

« Sous des ruisseaux de sang les chemins sont cachés :

« Et grossi par leurs eaux, sur sa rive fumante,

« Le Tibre épouvanté roule une onde sanglante.

« Sur qui pleurer, au sein des publiques douleurs ?

« Ah ! recevez du moins nos regrets et nos pleurs,

« Proscrits qu'a distingués une grande infortune :

« Licinius, traîné mourant dans la tribune ;

« Bœbius, dont leurs bras, de carnage enivrés,

« Partagèrent entre eux les membres déchirés ;

« Toi, sur-tout, qui prédis ces maux à l'Italie,

« O vieillard éloquent dont la tête blanchie,

« Portée à Marius par tes vils assassins,

« Orna, sanglante encor, ses horribles festins.

« Rome a récompensé Marius, qu'elle abhorre.

« Pour la septième fois il est consul encore :

« Il meurt, ayant atteint dans ses jours agités

« Le comble des revers et des prospérités,

« Porté par les destins contraires et propices

« Au faîte des grandeurs, du fond des précipices.

« Sylla vint venger Rome, et lui rouvrant le flanc

« Épuisa sans pitié les restes de son sang.

« Victimes et bourreaux tous étoient des coupables,

« C'est alors qu'ont paru ces odieuses tables

« Où l'airain criminel des têtes des proscrits

« Offroit en traits de sang et les noms et le prix.

« À ce signal de mort, les haines personnelles

« Remplissent sans danger leurs vengeances cruelles :

« Et le soldat armé, qui se croit tout permis,

« Frappe, au nom de Sylla, ses propres ennemis.

« L'esclave, las du joug, assassine son maître ;

« Le père ouvre le flanc du fils qu'il a fait naître ;

« Le frère meurtrier vend le sang fraternel :

« Les fils tout dégoutants du meurtre paternel

« Pour l'offrir à Sylla, dans leur fureur avide

« Se disputent entre eux une tête livide.

« La barrière est ouverte à tous les attentats.

« Les uns, dans le tombeau croyant fuir le trépas,

« Le retrouvent bientôt sous ces marbres funèbres,

« Dans l'air empoisonné de leurs mornes ténèbres.

« Les autres, se cachant dans des antres secrets,

« Vont servir de pâture aux monstres des forêts :

« Quelques uns, dans l'orgueil d'un désespoir extrême,

« Pour dérober leur mort, se poignardent eux-mêmes :

« Mais leurs restes sanglants sont encore frappés

« Par des bras furieux qui leur soient échappés.

« Les vainqueurs, échauffés par leurs forfaits rapides,

« Volent sur mille morts à d'autres homicides :

« Femmes, enfants, vieillards, sous leurs coups ont péri.

« Et le peuple tremblant voit d'un œil attendri,

« Sur des piques, de sang et de pleurs arrosées,

« Des plus grands citoyens les têtes exposées ;

« Et ne peut, quand sa main veut dresser des tombeaux,

« De leurs membres épars rassembler les lambeaux.

« À ce spectacle affreux, Sylla fier, immobile,

« Du haut du Capitole avec un front tranquille,

« Dans nos murs désolés envoyoit le trépas ;

» Du geste et de la voix animoit ses soldats :

« Et hâtant, sans pâlir des crimes qu'il consomme,

« Dans les derniers Romains la ruine de Rome.

« C'est par tous ces forfaits que, d'un lâche sénat,

« Il mérita le nom de père de l'État.

« Mais enfin, las du soin d'égorger ses victimes,

« Il abdiqua ce rang payé par tant de crimes,

« Et dans Tibur, au sein d'un repos fastueux,

« Il mourut de la mort des hommes vertueux.

« Voilà ce qu'il faut craindre : et les mêmes tempêtes,

« Dans ces nouveaux débats vont fondre sur nos têtes.

« Que dis-je? heureux encor, trop heureux si nos pleurs

« Ne devoient pas couler sur de plus grands malheurs !.

« Mais il y va pour nous bien plus que de la vie.

« Marius, par Sylla chassé de sa patrie,

« Y voulut par le sang cimenter son retour :

« Sylla, que Marius crut chasser à son tour,

« Voulut, en triomphant des factions puissantes,

« Éteindre pour jamais les fureurs renaissantes.

« Mais César et Pompée ont formé d'autres vœux,

« La grandeur de Sylla seroit trop peu pour eux ;

« Et, leur choc de nos lois détruisant l'équilibre,

« Quel que soit le vainqueur, l'univers n'est plus libre. »

C'est ainsi que, frappé d'un triste souvenir,

Chacun dans le passé lit déja l'avenir.

VERS

SUR LE POËME ÉPIQUE,

Prononcé le 5 décembre, à l'ouverture d'un cours de
poésie latine, au collège de France.

Vous qui dans les transports dont votre ame est frappée,
Aspirez à l'honneur de faire une épopée,
Voulez-vous de ce genre atteindre les hauteurs,
Sans doute consultez ces longs dissertateurs
Dont le zèle, soumis à de pénibles veilles,
En montra les devoirs et non pas les merveilles ;
Mais ne vous bornez point à leur froide raison :
Un exemple toujours surpasse une leçon.
Entreprenez surtout l'étude approfondie
De ces grands écrivains dont la muse hardie,
Célébrant des héros les nobles sentiments,
Éleva d'un bel art les pompeux monuments.
Le critique, enseignant les lois de l'harmonie,
Ne donne que le goût, eux donnent le génie,
Et prouvent qu'aux aiglons, prompts à se signaler,

L'aigle seul dans les airs peut apprendre à voler.

Lancez-vous sous l'essor de ces guides habiles,

Recueillez chaque trait de leurs pinceaux fertiles,

Plongez-vous tout entier dans leurs trésors ouverts,

Et formez vos couleurs des teintes de leurs vers.

Ils sont là sous vos yeux, vous offrant leurs ouvrages,

Parés du double sceau de la gloire et des âges.

Du vieux chantre d'Achille admirant la grandeur,

Vous puiserez dans lui le talent créateur,

Le don de dessiner le fougueux caractère,

D'exprimer tout le bruit des combats sanguinaires,

Et ce riche crayon, qui, d'un doux coloris

Ayant peint la ceinture ornement de Cypris,

Trace encor le sourcil dont le dieu du tonnerre

Fait trembler le Ténare, et l'Olympe, et la Terre.

Dans son rival moins fier, et non moins attachant,

Vous apprendrez tout l'art d'un fonds sage et touchant,

De secret des ressorts que l'intérêt seconde,

Des transports de l'amour la science profonde;

Le choix de ces tableaux dont le charme vainqueur

Captive en même temps l'esprit, l'âme, et le cœur;

Et ce style accompli qui semble en ses richesses

Avoir de l'Hélicon épuisé les largesses.

Enfin vous saisirez dans le Tasse et Milton,

Leurs contraires beautés, et le sublime ton

Dont l'un, aux sons brillants de sa lyre inspirée.

Célèbre les combats d'une guerre sacrée ;
Et l'autre de Satan décrit les noirs détours,
Dans les bosquets d'Éden et des premiers amours.
Voilà les vrais flambeaux dont les rayons antiques
Ouvriront à vos pas les sentiers poétiques.
Suivez donc leur lumière, et si vous faites choix
D'un sujet éclatant de vertus et d'exploits,
Vous obtiendrez comme eux cette touchante gloire
De graver les grands noms au temple de mémoire,
Et chanter en des vers que liront nos neveux,
Les belles actions et les guerriers fameux.

A MLLE DUCHESNOIS,

VERS

IMPROVISÉS LE JOUR DE SA FÊTE.

JOSÉPHINE, si chère aux beaux arts, à l'Amour,
Le plus brillant succès partout vous environne.
    Melpoméne met chaque jour
Sur votre noble front sa pompeuse couronne.
Chaque rôle de l'art vous assure le prix,
Vos regards pleins de feu, votre accent plein de charmes
Excitant les transports, faisant couler les larmes,
Entraînent tous les cœurs, frappent tous les esprits.
    C'est à vous que pensoit Racine
Quand il retraça Phèdre en de sublimes vers;
    Il jugeoit cette ardeur divine
Dont vous exprimeriez ses feux et ses revers.
    De l'avenir il sentoit le présage,
Lorsque dans ce beau style au théâtre si cher
De l'ardente Hermione il exprima la rage,
Les fureurs de Roxane, et les larmes d'Esther.
C'est pour vous que Corneille a dessiné Chimène;
Cette ame à la nature, à l'amour inhumaine
    Avoit besoin de vos tons vigoureux,

Qui pouvoient rendre seuls ses douleurs et ses feux.
Voltaire plein de vous créoit Aménaïde,
Conduisoit au Potose une amante intrépide,
Il lui falloit l'éclat de vos sons enchanteurs
Pour les faire passer l'une et l'autre en nos cœurs.
Oui, vous reproduisez, dans votre jeu sublime.
Les plus fameux talents que la scène a fournis;
    Les Clairons, et les Duménils,
Et conquérez d'avance une éternelle estime.
Ah! consulté par vous, je fus assez heureux
    Pour deviner dans le silence
Ce talent dont l'Envie aux complots ténébreux
    Vouloit arrêter l'espérance.
  Vos premiers pas par moi furent conduits,
Et, quoique Melpomène accorde son suffrage
Aux tragiques travaux par ma verve produits,
    Vous étes mon meilleur ouvrage.

A MADAME B.....

QUI ME DEMANDOIT UNE PRIÈRE
POUR L'ÉTERNEL.

Vous voulez prier Dieu! qu'allez-vous entreprendre?
Il a mis sa bonté dans votre ame si tendre :
  Il a peint le ciel dans vos yeux ; .
A votre fille enfin, qu'on admire et qu'on aime,
  Il donna vos dehors heureux,
Et vous fit plaire encor dans une autre vous-mème.
Lui demanderiez-vous des dons plus précieux?
Laissez donc aux pêcheurs qui craignent sa disgrace
  Implorer son céleste appui.
Pourquoi le prieriez-vous? vous êtes devant lui
  Tous les jours en état de grace.

LA QUERELLE.

Le maladroit! – Monsieur, qui vous met en courroux?
–Vous m'avez heurté. – Moi? –Vous-même.–Êtes-vous ivre?
– Une excuse, ou ce fer. – Monsieur, plaisantez-vous?
– Non, il faut vous tuer pour vous apprendre à vivre.

ANECDOTE.

Une Laïs perdit l'amant le plus fidèle.
On la disoit en pleurs : un ami court chez elle ;
Il la trouve riant en face d'un miroir :
« Vous me surprenez fort, dit-il à la donzelle :
    « Je vous croyois au désespoir. »
    « Ah! lui répond soudain la belle,
    « C'est hier qu'il falloit me voir! »

LE MALADE

CONFESSÉ.

Près de mourir, Florimont appela
Un confesseur, et puis lui défila
De ses péchés la kyrielle étrange ·
Son sermon fait, le prêtre s'en alla.
Florimont dit : J'aime cet homme-là ;
Il m'a parlé de l'enfer comme un ange.

LE SCRUPULE.

Un prélat déjeûnoit, un abbé vint chez lui :
— Mettez-vous là , mon cher. L'abbé discret refuse.
— J'ai déjeûné deux fois, je ne puis. — Belle excuse !
Vous déjeûnerez trois. — Non , c'est jeûne aujourd'hui.

CHANSON.

Quinze ans, Myrrha, sont à peine votre âge ;
Mais cette bouche où repose l'amour,
Ce sein naissant, et ce corps fait au tour,
De tout cela vous ignorez l'usage :
        Pauvre Myrrha !
Suivez Tircis, Tircis vous l'apprendra.

    Votre sein bat, et votre cœur soupire ;
Votre regard est souvent égaré,
A des pensers votre esprit est livré ;
Vous ignorez ce que cela veut dire :
        Pauvre Myrrha !
Tircis le sait, Tircis vous l'apprendra.

    Sur une branche où l'amour les attire,
Vous avez vu deux oiseaux se percher,
Leurs ailes battre, et leurs becs s'approcher ;
Vous ignorez ce que cela veut dire :
        Pauvre Myrrha !
C'est un secret, Tircis vous l'apprendra.

    Si quelquefois seule vous osez lire
Un roman tendre où de tendres amants

Font en soupirs parler leurs sentiments,
Vous ignorez ce que cela veut dire ·
　　　Pauvre Myrrha !
Tircis écrit, Tircis vous l'apprendra.

　　Sous ces tilleuls, dont le mobile ombrage
Vous garantit des feux de la saison,
L'amour exprès fit verdir ce gazon ;
D'un lit si doux vous ignorez l'usage :
　　　Pauvre Myrrha !
Suivez Tircis, Tircis vous l'apprendra.

ROMANCE.

Je possédois la jeune Aglaure,
  Mon ardeur sembloit l'enflammer;
  Mais elle cesse de m'aimer,
  Et moi, malheureux, j'aime encore.
O mon bonheur, oh! qu'es-tu devenu?
Il vaudroit mieux ne t'avoir pas connu.

  L'heure du matin étoit celle
  Où je la voyois constamment;
  Cette heure sonne en ce moment;
  Mais ce n'est plus moi qu'elle appelle.
O mon bonheur, oh! qu'es-tu devenu?
Il vaudroit mieux ne t'avoir pas connu.

  Voilà le bois où, plus humaine,
  Elle payoit mon tendre amour.
  Elle y vient encor chaque jour;
  Mais ce n'est plus moi qui l'y mène.
O mon bonheur, oh! qu'es-tu devenu?
Il vaudroit mieux ne t'avoir pas connu.

  Jour naissant, aurore nouvelle,
  Qui nous guidois sous ton flambeau,

Ton éclat me semble moins beau,
Je ne te vois plus avec elle.
O mon bonheur, oh! qu'es-tu devenu?
Il vaudroit mieux ne t'avoir pas connu.

Doux bruit de l'onde bocagère,
Voix de l'oiseau qui chante auprès,
Vous n'avez plus pour moi d'attraits,
Je vous entends sans ma bergère.
O mon bonheur, oh! qu'es-tu devenu?
Il vaudroit mieux ne t'avoir pas connu.

Je crois du feu qui me dévore
Près d'autres beautés me guérir.
Il en est que l'on peut chérir;
Mais en est-il qui soit Aglaure?
O mon bonheur, oh! qu'es-tu devenu!
Il vaudroit mieux ne t'avoir pas connu.

Où trouver cet œil qui m'enchante,
Ce souris, ces traits gracieux;
Volage, elle est belle à mes yeux;
Que seroit-elle étant constante?
O mon bonheur, oh! qu'es-tu devenu?
Il vaudroit mieux ne t'avoir pas connu.

Je le vois trop, mon cœur fidèle
Regrettera toujours sa foi.
Que n'a-t-elle aimé comme moi!
Ou que n'ai-je changé comme elle!
O mon bonheur, oh! qu'es-tu devenu?
Il vaudroit mieux ne t'avoir pas connu.

CHANSON.

Je vois Lise, soudain j'adore.
J'aime ses pieds, ses mains, ses bras,
Sa taille, ses traits délicats,
Et mille autres choses encore.
Lise ne m'aime point, hélas!
Puissant dieu d'amour, je t'implore,
Ote-moi donc les yeux, et je n'aimerai pas.

Lise parle, soudain j'adore.
J'aime le doux son de sa voix,
J'idolâtre ce que je vois,
Ce que j'entends vaut mieux encore.
Lise ne m'aime point, hélas!
Puissant dieu d'amour, je t'implore,
Ote-moi mon oreille, et je n'aimerai pas.

Je quitte Lise, je l'adore.
Sans la voir je la vois toujours,
Tous ses attraits, tous ses discours
Me sont présents loin d'elle encore.
Lise bientôt m'oublie, hélas!
Puissant dieu d'amour, je t'implore,
Ote-moi la mémoire, et je n'aimerai pas.

CHANSON.

AIMABLE Églé, sans votre mère
J'ai cru vous voir de grand matin
Vous glisser dans le bois voisin..
Seule ; qu'alliez-vous donc y faire ?
Vous rougissez !... il me suffit ;
Églé, ce trouble me le dit.

Bientôt après, avec mystère
J'ai vu le jeune et beau Mysis
Entrer dans le même taillis.
Si matin qu'alloit-il y faire ?
Vous rougissez !... il me suffit ;
Églé, ce trouble me le dit.

Une fleur qui venoit de naître
Brilloit alors sur votre sein,
Maintenant je l'y cherche en vain.
Cette fleur, où donc peut-elle être ?
Vous rougissez !... il me suffit ;
Églé, ce trouble me le dit.

Sous l'ombrage qui vous attire ?
Des zéphyrs je cherchois l'attrait ;

Un bruit m'arrête... on soupiroit,
Étoit-ce vous, ou lé zéphire?
Vous rougissez!... il me suffit;
Églé, ce trouble me le dit.

Vous sortîtes de cet asile,
Qui sans doute vous parut doux;
Tout étoit calme autour de vous,
Pourquoi semblez-vous moins tranquille?
Vous rougissez!... il me suffit;
Églé, ce trouble me le dit. ⁓

Levez cet œil si plein de charmes.
Ciel! comme il paroît altéré!
On voit que vous avez pleuré;
Mais, qui donc a causé vos larmes?
Vous rougissez!... il me suffit;
Églé, ce trouble me le dit.

Heureuse, et ce sort est le vôtre,
Qui peut donner un rendez-vous!
Plus heureux qui l'obtient de vous.
Demain en avez-vous un autre?
Vous rougissez!... il me suffit;
Églé, ce trouble me le dit.

A ADÈLE

SUR LA SECONDE REPRÉSENTATION D'ÉTÉOCLE.

O toi que j'estime et chéris,
Au laurier que j'obtiens mon cœur commence à croire,
Je le mets à tes pieds pour qu'il ait plus de prix,
C'est à ceux de l'Amour que veut tomber la Gloire,
Sa palme s'embellit du myrte de Cypris.
Mais peut-être ai-je tort quand mon succès m'étonne,
Je le dois au bonheur que tu répands sur moi,
Et j'avois sous les yeux, composant près de toi,
Le modèle touchant de l'aimable Antigone.
Pour toi, qui m'enchaînas du lien le plus doux,

    Dis, en revoyant mon ouvrage,

« Mon amant du public a conquis le suffrage ;
Mais ces tributs flatteurs dont il fut si jaloux,

    Dont l'éclat même encor le touche,

    Son amour les céderoit tous

Pour un seul des baisers qu'il reçoit de ma bouche.

A M. SAUVAN,

MON BEAU-PÈRE,

EN LUI PRÉSENTANT DES FLEURS, LE JOUR DE SA FÊTE.

O vous des pères le modèle!
Un gendre, en ce beau jour, s'unissant à vos fils,
    Vous présente ces dons fleuris,
Gages de sa tendresse à ce doux nom fidèle,
    Mais gages moins solides qu'elle,
    Qui jamais ne doit s'effacer,
Quand le sort dès demain les force à s'éclipser.
    Ici, manque, hélas! mon Adèle,
Cette femme adorable unie à mes destins,
J'ai perdu sans retour ce trésor que je tins
    De votre bonté paternelle,
Et qui me fut plus cher émané de vos mains.
    Je pleurerai ses vertus et ses charmes,
Tant que mes tristes yeux pourront verser des larmes,
Où chaque souvenir rend ses droits plus certains.
Du moins, à nos regards elle revit et brille
Dans le fruit d'un hymen détruit par son trépas,
Son fils, pour vous fêter, se mêle à sa famille,
Et jouir de s'y voir, s'il ne vous le dit pas;

Au sentier de la vie aidez ses premiers pas,
Secondez ce feu qui pétille
Dans ses mouvements délicats.
Soyez son protecteur, son père,
Cet enfant n'aura rien à desirer de plus,
S'il peut, de son aïeul imitant les vertus,
Les joindre à tous les dons qui distinguoient sa mère.

A MADEMOISELLE R***,

QUI AVOIT PRIÉ L'AUTEUR DE LUI APPRENDRE
LA LANGUE ITALIENNE.

GLYCÈRE, vous avez raison,
Dans l'âge de l'adolescence,
Amassez des trésors pour l'arrière saison ;
Préparez, belle encor, les fruits de la science,
Pour le moment ou meurt la fleur de la beauté ;
La fourmi pour l'hiver recueille tout l'été.
Le laboureur, jaloux des trésors de Pomone,
Dans ses sillons tout le jour arrêté,
Au printemps sème pour l'automne.
Comme un éclair la beauté luit,
Avec l'âge la fraicheur passe ;
L'instruction alors, aux graces qu'il détruit,
Fait succéder une autre grace ;
L'esprit, charme éternel, remplace
Le charme d'un jour qui s'enfuit.
Il vous sied d'épuiser tous les moyens de plaire ;
Vous devez posséder tous les dons de charmer.
Aspasie eut vos traits, votre taille légère ;
Il vous convient d'avoir son caractère,
C'est Périclès qu'il vous sied d'enflammer.

Mais moi devenir votre maître !
Cet emploi dangereux a droit de me flatter
Sans doute, mais je dois aussi le redouter ;
Il fera votre bien, et non le mien peut-être.

  Tous les jours causant avec vous,
Au son de votre voix, à ces regards si doux,
  J'oublierai tout-à-coup mon rôle ;
Loin de vous enseigner, je ferai quelque école ;
La leçon se prendra bientôt à vos genoux.

  Je deviens fou, tout comme un autre,
  Près d'un objet jeune et charmant :
Maître d'abord, bientôt je ne serai qu'amant,
Et je perdrai l'esprit voulant orner le vôtre.
Ah ! pour que sans péril j'approche vos beautés
  Vous êtes beaucoup trop jolie.
  Je deviendrai Saint-Preux à vos côtés ;
  Aux miens deviendrez-vous Julie ?

A M....

Recevez de mon cœur, femme encore adorée,
　　　Cet ouvrage qu'auprès de vous
　Je fis à la campagne, en ces moments si doux
　Dont votre changement a détruit la durée.
　Je composai ce fruit de mes heureux loisirs.
　　　Tantôt sur la molle verdure,
　Tantôt dans ce boudoir, où mes tendres desirs
　Recevoient votre foi, que je croyois plus sûre;
　　　Dans l'asile de nos plaisirs,
　　　Ou sous les yeux de la nature.
　　　Dans moi je puisois la couleur
　　　De ce bonheur du premier âge,
　　　Dont mes vers retraçoient l'image;
　L'Éden que je peignois étoit tout dans mon cœur.
　Qui m'auroit dit alors que je perdrois le vôtre?
　Lorsqu'en votre présence, inspiré par l'amour,
　Je faisois cet ouvrage, ah! qui m'eût dit qu'un jour
　Je ne pourrois de même en composer un autre,
　Et qu'acceptant un nœud qui briseroit le nôtre,
　　　Vous me quitteriez sans retour?
　Cependant ces travaux, où vous étiez unie,
　　　Paroissoient vous intéresser.

Votre voix de mes vers cadençoit l'harmonie;
  Votre main daignoit les tracer;
Votre raison souvent à la mienne docile
Faisoit voir les défauts que vous aviez surpris;
Et des vers qu'approuvoit votre goût difficile
Une faveur étoit et l'éloge et le prix.
Que dis-je! en ces moments où d'un pénible ouvrage
  Mon esprit fuyant la longueur,
De ses goûts paresseux écoutoit la langueur,
  Prompte à relever mon courage,
Vos discours du public me montroient le suffrage,
Le Pinde applaudissant à mes succès altiers,
Et vos mains sur mon front attachant les lauriers.
  Ah! quand vous paroissiez vous plaire
A m'entraîner ainsi vers des efforts nouveaux,
A me combler de soins, à charmer mes travaux
  De votre regard tutélaire,
N'ai-je pas dû penser que tous mes heureux jours
Trouveroient près de vous leur carrière embellie?
N'ai-je pas dû penser que, liés pour la vie,
Toujours chère à mon cœur, vous m'aimeriez toujours?
C'étoit donc une erreur! vous me l'avez ravie!
Vous m'avez dérobé votre société!
  Votre abandon m'a tout ôté!
Car de tous vos bienfaits, dont j'aime la mémoire,
Il ne me reste rien que le succès heureux

Que je dois à l'ouvrage inspiré par vos yeux ;

Et, le bonheur perdu, qu'est-ce, hélas ! que la gloire ?

Je céderois ces dons, devant vous effacés,

Ces applaudissements que le poëte adore,

  Pour vivre à vos côtés encore,

Pour remonter le cours des temps que j'ai passés.

  O temps et d'amour et d'ivresse !

O moments dont l'éclat s'est trop tôt éclipsé !

Puisqu'au bonheur devoit survivre ma tendresse,

Que n'ai-je cessé d'être alors qu'ils ont cessé !

Ce coup m'avoit conduit à mon heure suprême,

J'allois mourir : au jour des secours m'ont rendu :

Mais que faire du jour quand on a tout perdu,

Quand on doit vivre, hélas ! sans la beauté qu'on aime ?

  Pour moi la vie est un tourment ;

Ses plaisirs à mon cœur n'offrent rien qu'amertume ;

Le désespoir m'abat, le dégoût me consume ;

Le regret me dévore, et je meurs lentement.

Quelquefois un instant, de ma peine mortelle,

En cultivant mon art je crois me délivrer ;

  Mais dès que je veux l'implorer,

Mon cœur autour de moi vous cherche, vous appelle,

Et, ne vous trouvant pas, je ne puis que pleurer.

Ainsi, dans mes foyers, seul, et les yeux en larmes,

Des biens que j'ai perdus regrettant tous les charmes,

Je reste environné de vers interrompus,

De livres que je n'ouvre plus,
Comme un soldat blessé languit près de ses armes.
Ma mère, mes amis, dont l'aspect consolant
Devroit guérir les maux d'un cœur sensible et tendre,
Ma mère, mes amis, rien ne sauroit me rendre
    Ni mon bonheur, ni mon talent.
Sous vos yeux seulement je pourrois les reprendre.
Mais il me faut loin d'eux travailler désormais;
Mon bonheur, mon talent, ne reviendront jamais!
Adieu donc, paix chérie, et gloire enchanteresse;
Adieu, plaisirs, lauriers, dont je fus si jaloux,
Je ne puis vous chercher auprès de ma maîtresse,
    C'en est fait, je suis mort pour vous.

BLANCHE

ET ISABELLE.

21.

BLANCHE ET ISABELLE,

OU

LES DEUX AMIES.

NOUVELLE.

Guillaume, descendant de Tancrède, gentil-homme français, entroit dans sa seizième année lorsqu'il hérita du royaume de Sicile, fondé par ses ancêtres. Henri de Souabe, empereur d'Allemagne, et époux de la tante du nouveau roi, voulant s'emparer des états de son neveu, lui déclara la guerre; et, après l'avoir vaincu et pris, le fit périr sur un échafaud, dans la grande place de Palerme, aux yeux de tout son peuple. Cette barbarie le rendit odieux; et chaque jour il augmenta par de nouvelles cruautés la haine des Siciliens, et leurs regrets pour l'autorité plus douce que les Français leur avoient fait chérir.

Après le supplice de Guillaume, le chevalier de Toredo, l'un des plus zélés partisans de la famille de ce prince, s'étoit retiré dans une terre

éloignée ; il y vivoit, tranquille et respecté, avec
sa fille jeune encore. Blanche (c'est ainsi qu'elle
se nommoit) joignoit à une beauté remarquable
l'esprit le plus vif et l'ame la plus magnanime.
Son père ne l'avoit pas seulement élevée dans
l'amour des vertus, il lui avoit encore inspiré
un grand respect pour la maison de Tancrède,
et une haine profonde pour Henri et les Alle-
mands.

Blanche portoit ces deux sentiments jusqu'au
fanatisme : elle interrogeoit souvent son père sur
les traits, le maintien, le caractère de l'infortuné
Guillaume ; elle vouloit sans cesse entendre le
récit du combat fatal où il avoit succombé, les
détails de son supplice ; et touchée jusqu'aux
larmes, elle gémissoit de n'avoir pu, au prix de
tout son sang, lui conserver le trône et la vie.

Un jour le chevalier s'absenta, et quelque
temps après il revint avec une jeune inconnue,
qu'il nomma Isabelle à sa fille et à ses domes-
tiques, en leur recommandant beaucoup d'é-
gards et d'attentions pour elle.

Isabelle dans sa beauté, dans son maintien,
avoit avec Blanche une ressemblance qui frappa
tous les yeux ; on les auroit prises pour les deux

sœurs. Blanche n'eut pas besoin de ce rapport
pour chérir Isabelle. Dès la première entrevue
elle avoit éprouvé pour cette jeune personne un
vif intérêt; et comme elle ne pouvoit la laisser
seule sans la retrouver ou poussant des soupirs,
ou baignant un écrit de larmes, elle avoit senti
redoubler encore l'attachement qu'elle lui por-
toit.

Elle desiroit de connoître la cause de ce cha-
grin; mais elle avoit observé qu'Isabelle, dès
qu'on l'abordoit, cachoit ses pleurs, et étouffoit
ses soupirs; et dans la crainte de l'embarrasser,
elle ne se permettoit aucune question : cepen-
dant la discrétion qu'elle s'imposoit étoit pour
elle un tourment.

Quelle est, se demandoit-elle, cette mysté-
rieuse Isabelle pour qui on m'a ordonné tant de
respect et de soins, sans vouloir m'instruire de
sa destinée? quel est cet écrit qu'elle arrose de
larmes? que signifient ces soupirs qu'elle laisse
échapper dès qu'elle se croit sans témoin, et
qu'elle retient dès qu'on l'approche? Ces idées
rouloient dans l'esprit de Blanche. Tantôt affli-
gée, blessée même de ce que ses soins, son atta-
chement, ne lui méritoient pas la confiance de

l'amitié, elle vouloit en faire un tendre reproche
à Isabelle ; tantôt, se pénétrant du respect que
l'on doit au malheur, elle croyoit plus délicat
d'attendre un aveu. Il n'arrivoit pas ; elle crut
pouvoir tout concilier ; et au lieu de solliciter
cette confidence, elle résolut de l'amener par
des discours adroits qui, sans alarmer la sensi-
bilité d'Isabelle, la forceroient de se découvrir.
Déja quelques mots, quelques indices, saisis
avec attention par Blanche, lui avoient donné
des soupçons ; elle se promit de les vérifier. Ten-
dre et généreuse, ce n'étoit pas pour satisfaire
une vaine curiosité qu'elle brûloit de connoître
le secret d'Isabelle, c'étoit pour être plus à por-
tée de secourir cette amie en sachant mieux quel
endroit de son cœur elle devoit toucher pour le
guérir.

Isabelle, de son côté, sensible aux soins de
Blanche, et appréciant son caractère, éprouvoit
le même embarras. Déchirée d'une douleur pro-
fonde, elle sentoit qu'il lui seroit doux qu'une
main chère se plaçât sur sa blessure ; elle jugeoit
que ces entretiens, où la moindre plainte ob-
tient toujours une réponse, seroient d'un grand
soulagement dans ses peines ; mais elle n'osoit

rompre le silence. Le chevalier de Toredo lui avoit tant répété que le mot le plus innocent, la plus légère imprudence la perdroit, que, dans ses entretiens avec Blanche, la crainte d'essuyer un reproche de son bienfaiteur retenoit toujours son secret prêt à lui échapper : souvent elle souhaitoit que Blanche fût plus pressante, et que des instances multipliées lui donnassent à ses propres yeux l'excuse d'une indiscrétion. Telle étoit la disposition de son ame, lorsque Blanche lui proposa de se promener dans un bois voisin de leur demeure.

Ces deux amies, également indécises, gardèrent quelque temps le silence. Blanche s'enhardit, et, après des discours vagues, fit tomber la conversation sur le jeune Guillaume. Isabelle pâlit à ce nom; Blanche, qui l'observoit, commença à croire que ses soupçons étoient fondés. Elle poursuivit l'entretien; elle entra dans tous les détails de l'histoire de Guillaume, peignit avec feu sa défaite, sa captivité, son supplice. Isabelle, dont le trouble augmentoit à chaque mot, ne put se contenir davantage; elle oublia la recommandation du chevalier, et tomba dans les bras de Blanche en s'écriant : « A qui offrez-

« vous ces tableaux affreux ? C'est à la sœur
« même de Guillaume, c'est au dernier rejeton
« d'une famille infortunée. Je vous confie un
« secret dont ma vie dépend; mais c'est un besoin
« pour mon cœur de s'épancher dans le vôtre. »
Blanche se précipita aux pieds d'Isabelle en l'ap-
pelant mille fois sa souveraine, et lui jurant un
dévouement sans bornes; et, après avoir reçu
d'elle l'ordre de se relever, elle lui demanda
quels évènements l'avoient dérobée au persécu-
teur de sa famille. Isabelle serra tendrement la
main de Blanche, et consentit à la satisfaire. Le
jour touchoit à son déclin, de grands arbres les
couvroient de leur ombre, le lieu, l'instant, con-
venoient à un entretien douloureux ; Isabelle
engagea son amie à s'asseoir, et commença en
ces mots :

« Je n'avois pas encore quinze ans lorsque
Henri de Souabe, époux d'une sœur de ma mère,
vint, sans autres droits que ceux de l'ambition,
attaquer mon frère Guillaume, héritier du trône
de Sicile, le vainquit, le fit prisonnier, et le con-
damna à la mort. Guillaume, à l'approche de
l'armée allemande, m'avoit envoyée avec ma
mère chez le duc de Ferrare, mon aïeul mater-

nel. Dès que nous apprîmes son danger, nous
volâmes à Rome pour prier le pontife d'intercé-
der près de Henri en sa faveur : le perfide, loin
d'être touché de nos supplications, nous livra à
cet usurpateur, qui nous plongea dans un ca-
chot. Nous ne nous serions pas plaintes de cette
rigueur, si la perte de notre liberté eût sauvé le
malheureux Guillaume ; mais à peine nous étions
captives, que, par l'ordre de Henri, des satellites
nous traînèrent au lieu de son supplice pour
être témoins de cet horrible spectacle. Affreux
raffinement de la cruauté ! Jugez de ce qui se
passa dans nos cœurs lorsque nous vîmes ce
jeune prince qui nous étoit si cher, cet héritier
du sceptre de nos aïeux, paroître sur un infame
échafaud pour y recevoir la mort due aux seuls
criminels ! Jugez combien la sienne lui devint
plus horrible, lorsque, près de périr, il aperçut
sa mère et sa sœur, qui, les cheveux épars, le
cou entouré d'une corde, les mains chargées de
chaînes, servoient de trophée à son exécution.
Nos yeux et les siens, inondés de larmes, se ren-
contrèrent ; ils se dirent les adieux les plus dé-
chirants, et ne cessèrent de confondre leurs
tristes regards jusqu'au moment où sa tête fut

abattue. Ce coup nous fit en même temps tomber
sans connoissance, et nous ne revînmes à la vie
qu'au milieu des horreurs de notre prison. Quel
fut le premier objet qui y frappa nos yeux? le
sang de l'infortuné Guillaume dont nous étions
couvertes! Nous mêlâmes nos pleurs à ce sang
chéri; nous aurions voulu pouvoir le recueillir
tout entier dans nos cœurs. Nous nous atten-
dions à suivre de près cette tendre victime; mais
l'excès de notre infortune excita la compassion
du gouverneur de la tour où nous étions enfer-
mées. Il nous proposa de fuir; nous acceptâmes
ses services. Il nous donna des vêtements pro-
pres à nous déguiser, quelques pièces d'or; et
dès que la nuit parut, il favorisa notre évasion.

« Nous sortîmes de Palerme protégées par les
ténèbres, mais tremblant à chaque pas d'être
surprises par des émissaires de Henri. Nous mar-
châmes tant que nos forces nous le permirent.
Nous voulions nous hâter de gagner la mer pour
nous jeter dans un vaisseau qui nous conduiroit
sur les côtes du duché de Ferrare; la lassitude
nous força de nous présenter, sous des noms
supposés, chez la veuve d'un jurisconsulte, ma-
dame Moldini, qui vivoit à la campagne, de son

modique revenu. Elle écouta à peine la fable
que nous imaginâmes, et nous accueillit avec
bonté. Nous pensâmes pourtant que nous se-
rions plus en sûreté à la cour d'un parent; et nous
nous disposions à partir, lorsque nous apprîmes
que le duché de Ferrare venoit d'être envahi
par un prince voisin. Cette nouvelle, qui nous
privoit d'une retraite, accabla ma mère; elle
tomba malade. Vainement je lui donnai tous les
soins de la piété filiale, vainement madame Mol-
dini, qui avoit deviné notre secret, lui prodigua
tous ceux de l'intérêt le plus tendre; le coup
étoit porté, elle expira. Vous concevez quel fut
mon désespoir: j'avois vu mourir mon père
dans la force de l'âge, mon frère sous la main
d'un bourreau; je venois d'apprendre les revers
d'un oncle chéri; et quand il ne me restoit plus
qu'une mère, je recevois son dernier soupir!
Écrasée sous le poids de tant d'infortunes, j'at-
tachai long-temps un regard fixe et douloureux
sur le cadavre de cette tendre mère; je ne pou-
vois pleurer. Il fallut m'arracher de ce corps
livide pour lui rendre les derniers devoirs. Ma-
dame Moldini me permit de lui élever dans son
jardin un humble tombeau, où je portois tous

les jours le tribut de ma tendresse et de mes
regrets.

« Ils n'étoient que trop justes. Sans parents,
sans patrie, je ne savois dans quelle cour me
réfugier. En Sicile, en Allemagne, régnoit le
bourreau de Guillaume; à Rome siégeoit le pon-
tife qui nous avoit vendues; à Ferrare comman-
doit un ennemi de ma famille : proscrite par
tant de puissances, quel prince voudroit m'ac-
cueillir? D'ailleurs, n'étoit-il pas trop pénible
pour mon ame de porter de cour en cour le
spectacle de ma misère, et de m'exposer aux
mépris ou aux trahisons des souverains? L'inté-
rêt de ma fierté, comme celui de mes jours,
m'inspira le dessein de vivre inconnue dans une
retraite obscure. La généreuse madame Moldini
me pressoit de me fixer auprès d'elle; je cédai à
ses instances. Sa condition, sa dépense, n'avoient
point d'éclat; son habitation étoit éloignée de
Palerme; j'y passois pour sa nièce; je n'inspi-
rois aucun soupçon; enfin la cendre de ma mère
y reposoit; je préférai l'asile où ses mânes veil-
leroient sur mon sort. En effet, j'y vécus tran-
quille; les bontés d'une bienfaitrice aimable,
les occupations de la campagne, le spectacle

de plaisirs purs et vrais, tout donna quelques
moments de calme à cette ame long-temps
agitée.

« J'avois passé trois années dans cette paisible
existence, lorsque je craignis pour la vie de ma
bienfaitrice. Je redoublai d'attention. Un ami
vint me seconder; c'étoit votre père qu'elle avoit
appelé près d'elle. Elle me le présenta en me
disant : Je sens ma fin s'approcher ; mais j'ai
pensé à votre sort quand je ne serois plus : je
vous remets aux mains du plus vertueux de-
hommes. Il est sincèrement attaché à votre fa-
mille ; vous pouvez sans crainte habiter sa de-
meure. Le chevalier ajouta à ces mots, qui me
faisoient fondre en larmes, les protestations les
plus touchantes. Je ne fis aucune difficulté de
lui confier mes destinées ; mais je ne voulus pas
m'éloigner sans avoir fermé les yeux de ma bien-
faitrice. Elle mourut dans mes bras. Je la fis en-
sevelir près de ma mère ; et, après avoir dit
adieu à ces deux tombes sacrées, je suivis votre
père. Voilà, Blanche, les pertes que j'ai faites ;
il n'appartient qu'à une amie telle que vous de
m'en consoler. »

Blanche lui répondit que si les témoignages

22.

d'un attachement pur et dévoué donnoient quelque charme à l'intimité, elle pourroit en trouver dans la sienne : « Mais, ajouta-t-elle, je crains de ne pouvoir dissiper votre tristesse; le motif en est trop juste. Appelée par votre naissance au rang suprême, vous devez être indignée de languir dans un destin obscur, tandis qu'un usurpateur s'assied insolemment sur le trône de vos aïeux. » — Vous vous trompez, ma chère Blanche, interrompit Isabelle; les chimères de l'ambition ne me tourmentent pas; jamais je n'élève mes regards vers cette puissance qui m'a échappé. Née dans les cours, j'ai vu de près les chagrins du pouvoir; et ce spectacle auroit suffi pour me désabuser sur des biens qui ne sont qu'une pompeuse infortune. Un autre souvenir ajoute à l'horreur qu'ils m'inspirent; ils ont coûté la vie au malheureux Guillaume : et comment arrêter ma pensée sur un trône souillé du sang de mon frère? C'est sans effort que je cache ma destinée; l'obscurité convient à mon caractère comme à ma position; elle m'a fait trouver et des amis réels, et la paix de l'âme : de tels trésors sont trop précieux pour que je m'expose à les perdre. — Chaque mot que vous me dites,

reprit Blanche, m'attache encore plus à vous.
Mais pourquoi dissimuler? Que ce soit l'ambi-
tion ou un autre sentiment qui vous afflige, vous
souffrez. J'ai surpris dans vos yeux des larmes
que vous cherchiez à dévorer; en verse-t-on
quand l'ame est tranquille? Enfin cet écrit que
vous ne cessez de lire...... » Isabelle l'arrêta :
« Vous voulez donc, cruelle Blanche, m'arra-
cher mon secret tout entier? Hé bien! je n'y
résiste plus; lisez dans mon cœur : c'est peu des
tourments qui l'agitoient, l'amour le remplit, le
consume. » A ce mot elle poussa un profond
soupir; et après un instant de repos elle pour-
suivit :

« Ma mère avoit cessé d'exister depuis un an,
lorsque j'aperçus pour la première fois le mortel
qui devoit me faire connoître le plus doux et le
plus cruel des sentiments. C'étoit un jour où
la terre s'embellissoit du retour du printemps.
Après avoir porté les dons de madame Moldini
sous le chaume des cabanes indigentes, j'errois
dans les champs; et, soit que la vue de la na-
ture plaise encore mieux après une bonne ac-
tion, soit que la campagne fût plus riche et plus
éclatante, je la parcourois avec un attendrisse-

ment extraordinaire. J'arrive au détour d'un
bois: que vois-je? Un chasseur blessé et étendu
sur l'herbe! Je vole vers lui; et déchirant mon
voile, d'une partie j'étanche son sang, et de
l'autre j'entoure sa blessure. Il reprend par de-
grés ses esprits; je l'aide à se soulever, et j'aper-
çois alors en rougissant qu'il est dans la fleur de
la jeunesse, et que ses traits respirent la grace
et la douceur : ses yeux s'ouvrent; il les lève sur
moi, et il me semble voir l'azur céleste sortir
d'un nuage! Ce regard charmant, ce sang dont
l'herbe fumoit encore, cette pâleur qui rendoit
sa beauté plus touchante, cette foiblesse qui
donnoit tant de graces à ses mouvements, tout
porta dans mon ame un trouble que je n'avois
pas encore éprouvé.... Je veux m'éloigner.... le
son de voix le plus flatteur me rappelle. « Eh!
pourquoi me fuyez-vous ? me dit-il; doit-on se
dérober à la reconnoissance des cœurs que l'on
rend heureux? Demeurez: qui êtes-vous? Si
nous étions au temps des fables, je vous croirois
une nymphe de ces bois, une divinité descendue
du ciel pour secourir les humains; mais, déesse
ou mortelle, rien n'est plus doux que d'avoir
reçu vos soins, que d'avoir senti ces mains char-

mantes fermer ma blessure! Voudriez-vous lais-
ser votre ouvrage imparfait? Vous avez écarté
la mort de moi; m'abandonnerez-vous, seul et
languissant, dans un lieu où elle peut me res-
saisir? J'ose attendre de cette compassion dont
j'ai déja reçu une marque si touchante, que
vous daignerez guider mes pas vers une cabane
où j'obtiendrai les secours dont j'ai besoin. »
— Vous êtes trop foible; lui répondis-je d'une
voix tremblante, pour vous soutenir, même avec
un appui; accordez-moi quelques instants, et je
serai bientôt de retour. » Je partis sans attendre
son consentement, et revins accompagnée d'une
escorte et d'un lit de roseaux. On y plaça Pierre
(c'étoit le nom du chasseur), et on le transporta
chez madame Moldini : elle-même vint à sa ren-
contre lui offrir un asile; il accepta. Elle lui fit
préparer un appartement, où les secours que sa
blessure exigeoit lui furent donnés avec cette
grace que madame Moldini savoit mettre à tout.

« Elle venoit tous les matins s'informer de
son état; je ne l'accompagnois pas. Je m'étois
aperçue que j'aimois Pierre, et cela seul me dé-
fendoit de lui témoigner des prévenances. Je
n'osai donc pas le voir; mais j'étois souvent sur

le chemin de la chambre qu'il habitoit : je n'interrogeai personne sur les progrès de sa guérison ; mais lorsque madame Moldini en parloit, j'écoutois avec la plus avide attention. Un si vif intérêt m'effraya. Je réfléchis que la reconnoissance de Pierre ne prouvoit point qu'il m'aimât ; que madame Moldini ne me disoit jamais qu'il lui eût témoigné quelque surprise de ne pas me voir, qu'il lui eût même parlé de moi ; je me représentai enfin que quand il m'aimeroit je ne pouvois le payer de retour, puisque ma naissance m'ordonnoit de n'épouser qu'un prince. Ces observations me donnèrent des forces pour combattre mon penchant ; et sans doute j'en aurois triomphé, si Pierre n'avoit jamais reparu à mes yeux. Mais il étoit presque guéri, et il descendit chez madame Moldini ; je rougis, je pâlis en le voyant. Il s'approcha de moi ; il me fit un reproche de ce que j'avois paru indifférente à ses souffrances. Je ne savois que lui répondre ; heureusement il me tira d'embarras en ne continuant pas cet entretien. Ses yeux seuls alors me parlèrent ; mais à peine ils rencontroient les miens qu'ils se baissoient, et ne sembloient revenir sur moi que par un mouvement involontaire. Le lendemain, les jours suivants, son maintien fut le même; des discours interrompus, des regards embarrassés, tous les indices d'une gêne intérieure. Je m'inquiétai de cette incertitude: venoit-elle de la crainte de m'aimer, ou de la crainte de m'avouer son amour? Je voulus m'en assurer; j'observai Pierre.

« Un jour je le surpris regardant et baisant un portrait attaché à une chaîne suspendue sur son sein. Je ne doutai pas que ce portrait ne représentât une femme, et qu'il ne fût le motif de l'embarras de Pierre auprès de moi. J'invoquai ma fierté; je résolus de ne plus penser à un homme qu'une autre paroissoit occuper; je me promis même de ne pas m'informer quel pouvoit être ce portrait. Vains efforts! ma passion, allumée par mes premières recherches, étoit, sans que je m'en aperçusse, arrivée au comble: je fus dévorée de jalousie et de curiosité; et, persuadée que Pierre ne m'aimoit pas, je me trouvai la plus malheureuse des femmes. Je me le figurois toujours dévorant ce fatal portrait de ses regards, ou le couvrant de ses baisers; s'il tardoit à venir, je croyois que c'étoit cette image qui l'arrêtoit; s'il s'éloignoit de moi, je m'imaginois que c'étoit pour la contempler plus librement. Je ne faisois plus attention aux regards tendres qu'il m'adressoit; je ne pensois qu'à ce cruel ornement qu'il portoit sur son cœur. Quelquefois, lorsqu'il s'entretenoit avec moi, il me prenoit l'envie d'ouvrir ses vêtements, de saisir cette odieuse peinture, et de la briser; le hasard termina enfin mon supplice.

« Je me promenois dans la campagne en déplorant mon malheur de brûler pour un insensible, lorsqu'une voix sortie d'un bosquet voisin vient me frapper; c'étoit celle de Pierre: Je prête l'oreille, et j'entends ces paroles qu'il chantoit:

Bosquet chéri, tendre et discret asile,
Doux confident que cherche mon ennui,
D'Élisabeth j'avois jusqu'aujourd'hui
Entretenu ton feuillage tranquille.

Je crus en vain que ma bouche fidèle
De ce nom seul te parleroit toujours;
Apprends, hélas! mes nouvelles amours,
Et ne redis que le nom d'Isabelle.

Portrait charmant, qui reçus mon hommage,
D'Élisabeth présent cher à jamais,

Pardonne-moi si, malgré tes attraits,
Au fond du cœur je porte une autre image !

De son trépas quand j'appris la nouvelle,
Je fis serment de te garder ma foi ;
Mais pour n'aimer jusqu'au tombeau que toi.
Il eût fallu ne pas voir Isabelle.

D'Élisabeth ombre triste et sanglante,
Que ma tendresse invoqua si long-temps,
Tes cris plaintifs de mes feux inconstants.
Font un reproche à mon ame tremblante.

Si d'autres yeux me rendent infidèle,
Ne crains jamais de sortir de mon cœur ;
Tu resteras l'objet de ma douleur ;
Mais mon amour est tout pour Isabelle.

« Quel fut mon transport quand ces mots arrivèrent jusqu'à moi ! Je m'élançai dans le bosquet pour m'assurer si c'étoit bien Pierre qui les avoit prononcés. Il m'aperçoit, cache le portrait, et me demande, et tremblant, si j'ai tout entendu. —Tout, lui répondis-je. — « Hé bien ! Isabelle, quelle sera ma destinée ? Je vous adore ; puis-je espérer d'être aimé de vous ? » Ce portrait que je savois dans son sein retint mon aveu ; avant de le lui faire, je voulus connoître cette

Élisabeth qui du fond du tombeau étoit ma ri-
vale : j'interrogeai Pierre. — « Vous ne devez pas
la redouter, dit-il, puisque vous avez sa ressem-
blance, et que la mort me l'a enlevée, c'est Éli-
sabeth de Tancrède. » A ce mot je pensai perdre
l'usage de mes sens. — Élisabeth de Tancrède !
lui dis-je, en reprenant mes esprits ; pourquoi
vous est-elle si chère ? — Je dus être son époux,
me répondit-il, je suis Pierre de Provence, fils
du souverain de ce comté. — « Vous ? m'écriai-
je ; ah ! poursuivez. » Il m'obéit sans soupçon-
ner ma naissance ; il m'apprit qu'il avoit demandé
Élisabeth en mariage, et que de la cour de Si-
cile on lui en avoit envoyé le portrait, comme
c'est l'usage entre souverains ; qu'il étoit devenu
amoureux d'elle sur cette image, et qu'il atten-
doit avec impatience le moment de l'épouser,
lorsqu'il reçut la nouvelle de sa mort, et du sup-
plice de Guillaume. « Accablé de ce bruit af-
freux, continua-t-il avec transport, je quittai
la cour de mon père ; je courus de contrée en
contrée, dans l'espoir d'échapper à mon amour,
à ma douleur ; mon amour, ma douleur, me sui-
virent par-tout. Dans mes voyages, j'échouai
sur les côtes de Sicile, je fus recueilli par un sei-

gneur dont les terres sont voisines de l'habita-
tion de madame Moldini ; il aimoit passionné-
ment la chasse, je l'y accompagnai. Las de l'exis-
tence, je me plaisois à chercher des périls en
attaquant les plus fiers animaux. Je me laissai
ainsi entraîner loin des autres chasseurs sur les
traces d'un sanglier dont la dent me déchira ;
c'est de ce coup dont j'étois atteint quand je
reçus vos secours. Que devins-je, lorsque, le-
vant les yeux sur vous, je trouvai dans vos traits
ceux du portrait d'Élisabeth! Dès ce moment,
les noms d'Élisabeth et d'Isabelle se confondi-
rent dans mon esprit, se mêlèrent sur mes lèvres.
En vain l'ami dont j'avois habité le château, in-
struit de ma blessure, me pressa de me faire
transporter chez lui ; je résistai à toutes ses in-
stances. J'ignorois vos sentiments ; mais un
charme invincible me retint dans cette maison,
où je vivois près de vous. Cependant j'éprou-
vois des scrupules ; je craignois en vous aimant
de trahir la mémoire d'Élisabeth : il me sem-
bloit voir son ombre en courroux me reprocher
mon infidélité : mais vous l'emportez ; je vous
adore, je ne veux adorer que vous ; acceptez
l'hommage d'un cœur qui a besoin de ne plus

s'occuper que d'Isabelle. » En achevant ces mots,
il chercha la réponse dans mes yeux : je ne vou-
lus pas le laisser plus long-temps dans l'erreur :
« Ne voyez plus, lui dis-je, Isabelle en moi;
voyez cette princesse que vous croyez au tom-
beau, et qui s'applaudit de vivre, puisque vous
l'aimez, et qu'elle peut vous payer de retour. ».
Je lui racontai alors mes aventures. Pierre écou-
toit, ivre d'étonnement, de joie, et d'amour; il
m'appela mille fois son amie, son amante, sa
compagne. Enchantée de noms si doux, heu-
reuse de me voir près de l'époux que ma famille
m'avoit destiné, mes malheurs passés disparu-
rent à mes yeux; il me sembla que je n'existois
que depuis un moment; et mon ame s'aban-
donna tout entière au sentiment de la plus pure
félicité.

« Pierre, revenu des premiers transports de
son ivresse, me proposa de partir avec lui. Il
vouloit me conduire chez son père, m'épouser
en présence de sa cour, et prendre les armes
pour me replacer sur le trône de Sicile. Je lui
répondis que je ne doutois pas de la délicatesse
de ses sentiments; mais que je ne pouvois pas
le suivre n'étant pas sa femme, et ayant le droit

de craindre que son père ne lui permît pas de
s'unir à une princesse qui n'avoit plus d'états,
et qui n'apportoit pour dot qu'une guerre à
soutenir, et des périls à essuyer. Il me protesta
qu'il étoit sûr que je serois reçue de son père
avec l'intérêt dû à ma naissance et à mes mal-
heurs; et comme je lui témoignois toujours des
doutes, il m'offrit de m'épouser, avant de par-
tir, dans l'église la plus prochaine, en présence
de madame Moldini. Pour n'y pas consentir, il
me fallut appeler à moi toute ma raison; mon
cœur se déchira, mais j'obéis à l'honneur. Après
avoir témoigné à ce généreux amant combien j'é-
tois attendrie, je lui fis sentir qu'il ne convenoit
pas à une fille d'une ame élevée d'entrer dans
une famille sans être sûre de son aveu. — « J'en-
tends! s'écria-t-il; vous doutez du consentement
de mon père; hé bien, je vole le lui demander,
et vous l'apporter. Me suivrez-vous alors? » Je
lui répondis que, dès qu'il me donneroit une cer-
titude, je marcherois avec transport sur ses pas.
Satisfait de cette assurance, il hâta son départ :
mais au moment de s'éloigner, il me remit ces
vers qui avoient amené nos aveux mutuels, et
me conduisit au tombeau de ma mère. Là, d'une

23.

voix tendre et élevée, il prit son ombre à té-
moin de l'amour immortel qu'il ressentoit pour
moi, et lui jura de venir bientôt la consoler en
m'épousant, et en remettant dans mes mains le
sceptre de son époux.

« Je n'avois pas besoin de ses serments ni de
cet appareil pour croire à sa flamme, pour comp-
ter sur toutes ses promesses; il me sembloit im-
possible qu'il m'abusât. Cette persuasion soutint
mon courage dans les premiers temps de son
absence; elle lui donna même quelque charme.
Je revoyois avec plaisir la chambre qu'il avoit
habitée, les promenades qu'il avoit préférées,
le bocage où j'avois reçu ses aveux; je promet-
tois son retour à tous ces confidents de sa ten-
dresse : hélas! je les trompois, je me trompois
moi-même. Depuis le jour fatal qu'il m'a quit-
tée, je n'ai pas reçu un seul message de lui.
Que penser d'un tel silence? Il n'est pas une idée
cruelle qui ne s'offre à mon esprit. Tantôt je
me le peins sur les mers, poursuivi par la tem-
pête, luttant avec les vagues, avec la foudre, et
s'abymant enfin sous les flots; tantôt je me le re-
présente à la cour de son père, entouré d'hom-
mages et de plaisirs, oubliant la triste Élisabeth,

et se livrant à d'autres amours. Je ne sais à la-
quelle de ces pensées m'arrêter; mais toutes ac-
cablent également mon cœur. Que Pierre soit
mort ou me trahisse, j'ai toujours à le pleurer,
j'ai toujours à souffrir; non que je regrette ce
trône où il devoit me placer, non que je pense
à ces grandeurs qu'il devoit me rendre; c'est
son amour, c'est sa main, dont je ne puis sup-
porter la perte. Je l'appelle sans cesse, je le
cherche par-tout, et je ne le trouve plus que
dans mon cœur. »

Lorsque Élisabeth eut cessé de parler, Blan-
che se hâta de lui dire que, d'après l'idée que
son récit lui avoit donnée du prince, elle ne pou-
voit le croire infidèle, et que puisqu'il gardoit
le silence, il falloit qu'il ne lui fût pas possible
de le rompre. Elle l'engagea à s'armer de cou-
rage, à attendre tout du temps, et à chercher
dans les douceurs de l'amitié un dédommage-
ment aux peines de l'amour. Ces deux amies, en-
traînées par le charme d'une confiance qui se
livroit à son premier épanchement, ne s'étoient
pas aperçues de la fuite des heures: il étoit
temps de retourner à leur habitation. Elles en
prirent la route, en s'applaudissant ensemble

du doux lien qu'elles venoient de former, et en
se jurant d'en remplir les devoirs jusqu'au der-
nier soupir.

L'occasion où cette amitié devoit être mise à
l'épreuve ne tarda pas à se présenter.

Henri, assis sur le trône de Sicile, dont il
avoit dépouillé l'héritier légitime, régnoit en
proie à toutes les craintes qui poursuivent les
usurpateurs ; il savoit que les Siciliens murmu-
roient contre son autorité, et regrettoient la
maison de Tancrède. En vain il faisoit arrêter
et punir tous ceux qui laissoient entrevoir leur
haine pour lui ; les rigueurs irritoient davantage
le peuple, et ne donnoient que plus de moyens
aux conspirateurs. C'est dans ce moment que les
émissaires qu'il avoit chargés de pénétrer tous
les secrets qui pouvoient l'intéresser, vinrent lui
apprendre qu'on leur avoit assuré que la sœur
de Guillaume étoit cachée chez le chevalier de
Toredo. L'évasion de cette princesse l'avoit fort
inquiété ; et, pour ôter tout espoir à ceux qui
pourroient penser à lui opposer un rejeton de
la maison royale, il avoit répandu le bruit de
sa mort. Il lui étoit indifférent que ce bruit fût
démenti ; mais il avoit besoin d'être maître de la

princesse pour ne pas craindre les dispositions des Siciliens: en conséquence, il envoya des soldats chez le chevalier de Toredo, avec ordre d'arrêter Élisabeth, dont le signalement leur fut donné.

Avant qu'ils se présentassent chez lui, le chevalier fut averti; mais il n'eut pas le temps de faire quitter son château à Élisabeth, parceque les soldats de Henri l'entouroient déja de toutes parts; il ne put que la cacher dans un souterrain difficile à découvrir. A peine y étoit-elle que les satellites parurent, et le sommèrent de leur remettre Élisabeth de Tancrède. Blanche étoit présente; ils la prirent pour la princesse, et l'arrêtèrent. Le chevalier leur observa qu'elle étoit sa fille: les soldats, croyant qu'il usoit d'un subterfuge, menacèrent, pour l'effrayer, de mettre le feu au château; à ce mot, Blanche et son père craignirent pour Élisabeth. La généreuse Blanche embrassa alors le seul moyen de la sauver; elle profita de la croyance où étoient les agents de Henri; et, heureuse de se sacrifier pour son amie: « Il ne faut plus vous abuser, leur dit-elle; je suis en effet Élisabeth; mon sort est dans vos mains. » Le chevalier, sincère-

ment attaché à la maison de Tancrède, et crai-
gnant d'en compromettre le dernier rejeton,
eut le courage d'égaler le noble dévouement de
sa fille, et de ne pas la démentir. Les soldats,
persuadés qu'ils étoient maîtres de la princesse,
conduisirent Blanche et Toredo à Palerme, où
ils furent jetés dans la même prison qu'avoit oc-
cupée Guillaume.

Quelle fut la douleur d'Élisabeth lorsqu'elle
apprit que le chevalier et sa fille étoient arrêtés !
Elle se repentit d'avoir accepté une hospitalité
qui exposoit ses bienfaiteurs. Comme elle igno-
roit le généreux mensonge de Blanche, et
croyoit que la cause de la détention de ses amis
n'étoit que l'asile qu'ils lui avoient donné, elle
fut embarrassée sur ce qu'elle devoit faire pour
les servir. Son premier mouvement avoit été de
se découvrir à Henri, et de lui offrir sa vie pour
prix de leur liberté ; mais n'étoit-il pas à crain-
dre que, loin de les sauver par cet aveu, elle
ne hâtât leur perte ! Tant qu'elle gardoit le si-
lence, ils n'étoient que soupçonnés de l'avoir
recueillie ; du moment où elle parloit, ils se trou-
voient convaincus. Dans l'indécision où cet ef-
froi la jetoit, elle prit le parti de se rendre

à Palerme. Elle pouvoit y interroger tous les bruits, et régler sur ce qu'elle apprendroit la conduite qu'elle avoit à tenir pour être utile à Blanche et au chevalier sans les compromettre : elle part donc avec un des domestiques de Toredo. A peine est-elle arrivée dans Palerme, qu'elle entend parler d'une sœur de Guillaume, qui est dans les fers, et sur le point d'être condamnée. Cette nouvelle lui révéla tout. Elle vole au palais de Henri, et, pour s'ouvrir un accès jusqu'à lui, elle lui demanda un moment d'entretien particulier sur un objet relatif à l'intérêt de sa puissance : elle est admise. « Henri, lui dit-elle, on t'a trompé ; tu crois avoir dans tes mains Élisabeth de Tancrède, tu n'as que la fille du chevalier de Toredo, qui prit ce nom dans l'espoir de périr à sa place ; c'est moi qui suis le reste de ce sang illustre. S'il n'étoit question que du trône que tu m'as ravi, je le laisserois volontiers à Blanche ; mais il s'agit de l'échafaud, je viens réclamer mes droits. Rends donc la liberté à ta magnanime captive, et frappe ton ennemie, j'attends sa grace et ma mort. » Henri demeure confondu d'étonnement ; il concevoit que l'on se disputât le pouvoir, mais non le supplice. Il ignoroit laquelle de Blanche ou d'Élisabeth avoit commis une imposture; mais il voyoit dans toutes deux une égale grandeur d'ame. Cependant, craignant un piège, il ordonna que l'on fit venir sa prisonnière. On vole à la tour; ô surprise! Blanche avoit disparu avec son père. Henri, furieux de cette nouvelle, confie Élisabeth à la garde la plus sévère, et envoie sur toutes les routes des soldats chargés de saisir les deux fugitifs.

Ce soin fut inutile; le chevalier et sa fille étoient déja à Messine avec Soderini, leur libérateur. Depuis long-temps ce seigneur sicilien, ennemi des Allemands, méditoit leur expulsion. Il s'étoit uni pour ce projet avec plusieurs citoyens de Messine, recommandables par leur naissance, leurs richesses, ou leurs talents; et la haine du peuple contre les Allemands l'assuroit d'un parti nombreux. Pour détourner tout soupçon, en habile conspirateur, il étoit venu à Palerme, s'étoit présenté à la cour, et, comme la nature l'avoit doué de qualités séduisantes, il avoit su plaire au souverain. C'est dans le moment de sa faveur que Blanche avoit été amenée à Palerme, sous le nom d'Élisabeth de Tan crède; Soderini, jugeant combien ce nom seroit utile à son entreprise, s'étoit, par la corruption, introduit près d'elle, lui avoit confié ses projets, et proposé de le suivre. Elle avoit consenti sans avouer son secret, et Soderini, ayant su ménager son évasion, l'avoit conduite à Messine. Les conjurés, à la vue de celle qu'ils croyoient Élisabeth de Tancrède, sentant combien il étoit important d'éclater, s'étoient répandus parmi le peuple, lui avoient distribué des armes ; et les agents de Henri n'arrivèrent que pour être témoins du soulèvement général.

On sait avec quelle rapidité la flamme lancée dans un édifice se communique dans toutes ses parties, et n'en fait en un moment qu'un amas de débris et de cendres ; l'ame des conjurés ne fut pas moins prompte à passer dans celle des habitants de Messine. Ils se portent avec fureur à la citadelle, que la trahison leur livre ; ils en massacrent toute la garnison. Le reste des Allemands est égorgé dans les rues, dans les maisons, dans les temples ; on les poursuit dans les bras des Siciliennes qu'ils avoient épousées ; on ne fait pas même grace à leurs enfants, qui meurent immolés dans les langes du berceau,

24

sur le sein qui les nourrit. Au milieu du car-
nage le nom d'Élisabeth vole de toutes parts;
on la proclame reine de Sicile, on la porte en
triomphe, et l'on s'arme avec ardeur pour la
défendre. Blanche elle-même se couvrit d'une
armure, et voulut, en affrontant les périls,
donner l'exemple du courage à ce peuple prêt à
mourir pour elle.

Dans de si grands apprêts, elle n'oublia pas
Pierre, dont Élisabeth lui avoit tant parlé. Elle
fit partir pour Aix, où se tenoit la cour de Pro-
vence, un envoyé secret chargé d'instruire le
prince de tout ce qui s'étoit passé, et de l'enga-
ger à prendre les armes pour son amante.

Henri ne laissa pas à Blanche le temps d'at-
tendre le retour de cet émissaire. A la première
nouvelle du soulèvement de Messine il s'avança
à grands pas, suivi d'une armée formidable. Il
s'étoit fait précéder d'un manifeste dans lequel
il présentoit la nouvelle reine comme n'étant
point Élisabeth de Tancrède, et soutenoit que
cette princesse étoit en son pouvoir; mais les
habitants de Messine n'y virent qu'un artifice
qui excita encore leur fureur.

Soderini, leur général, crut devoir profiter

de leur indignation, et courut au-devant de
Henri. Les deux armées se rencontrèrent à quel-
ques milles de Messine. L'action s'engagea de
part et d'autre avec rage : la victoire flotta long-
temps entre les deux partis ; Blanche, qui com-
battoit en héroïne près de son père, voulut la
décider par un exploit éclatant. Elle aperçoit
dans les rangs ennemis le fils de Henri ; elle
presse son coursier, et vole vers lui le glaive à
la main : le prince la laisse avancer, et, dès
qu'elle est près de lui, il lève le bras pour la
frapper ; elle pare le coup, et lui en porte un
terrible qui le renverse tout sanglant de son
cheval : elle s'élance du sien, le combat une se-
conde fois, et le tue. A ce spectacle les soldats
de Henri s'effraient, ceux de Blanche se jettent
avec plus de furie sur eux ; les Allemands plient
et se dispersent. En vain Henri veut les rame-
ner au combat, il est lui-même entraîné dans
leur fuite : il court, avec les débris de son ar-
mée, cacher sa honte dans Palerme.

On juge que Blanche, victorieuse, ne devint
que plus chère à ses soldats. Sa beauté, sa jeu-
nesse, sa valeur, la rendirent l'idole de l'armée.
C'est alors que l'affidé qu'elle avoit envoyé à

Pierre de Provence revint avec sa réponse. Le prince, toujours épris d'Élisabeth, expliquoit son silence : un naufrage l'avoit jeté sur les côtes d'Afrique, où il avoit été retenu dans l'esclavage sans pouvoir écrire ; il ne s'étoit échappé qu'à travers mille dangers, qu'il se promettoit de détailler à Élisabeth, et venoit de rentrer dans les états de son père. Il s'applaudissoit d'avoir à combattre pour une amante dont il avoit fait souvent répéter le nom aux échos des déserts. Il finissoit en ces termes : « Ma chère « Élisabeth, mon père consent à notre hymen, « et approuve mon entreprise. Déja ses ordres « sont donnés pour que ses vaisseaux se rem- « plissent de soldats. Dès que mes forces seront « prêtes, je franchis les mers, et descends à « Messine ; c'est là que je veux vous venger, ou « mourir. » Blanche, après avoir lu, envoya un vaisseau vers le prince, pour l'engager à conduire sa flotte à Palerme, où elle l'attendoit. En effet, elle profita du premier moment d'effroi dans l'armée ennemie pour s'emparer de plusieurs places importantes, et arriva aux portes de Palerme après avoir soumis toutes les villes sur son passage.

Henri 's'y étoit préparé à venger sa défaite :
il se vit à regret contraint de ne songer qu'à se
défendre. Blanche, prévenue que Pierre de Pro-
vence, d'après l'avis qu'il avoit reçu d'elle, ve-
noit de paroître devant Palerme et bloquoit le
port, donna l'ordre de l'assaut. La ville, pressée
par terre et par mer, ne put faire une longue
résistance. Henri, se voyant abandonné, s'é-
chappa avec une foible escorte; et Blanche,
après avoir fait cesser le carnage, et proclamé
la clémence, entra au milieu de tout un peuple
enivré de se voir soustrait au joug des Alle-
mands, et d'obéir encore aux lois d'une maison
qu'il avoit tant regrettée.

Cependant Pierre avoit forcé le port ; et, pal-
pitant de joie, d'orgueil, et d'amour, il s'étoit
élancé sur la rive, et cherchoit à joindre l'a-
mante pour qui il avoit vaincu. Il apprend
qu'elle est dans le palais des rois ; il y vole. On
l'introduit dans un salon où Blanche l'attendoit
seule ; il la voit, et, trompé par la ressemblance,
il tombe à ses pieds ; mais peut-on long-temps
se méprendre à ce qu'on aime ? Il observe avec
attention, ne reconnoit plus Élisabeth, et cher-
che son amante dans l'objet qui porte son nom.

24.

Il ne sait qu'imaginer : Élisabeth l'a-t-elle trompé en se disant sœur de Guillaume ? ou la femme qui est devant lui le trompe-t-elle en se nommant Élisabeth ? Blanche aperçoit son inquiétude, et ne veut pas la prolonger : « Pierre, lui dit-elle, votre cœur ne vous abuse pas ; je ne suis point votre Élisabeth, quoique la nature m'ait ornée de ses traits. Vous méritez par votre constance et votre valeur de la retrouver fidèle. Henri la retenoit dans les fers ; ils sont brisés, et vous allez la revoir. — Élisabeth ! s'écrie Pierre ; ah ! qu'elle paroisse ! si elle m'a gardé son amour, j'aurai une dot préférable à tous les diadèmes de l'univers. — Amour et diadème, elle vous apporte l'un et l'autre dans ce moment ; elle est reine de Sicile. Je n'ai vaincu sous son nom que pour lui restituer son nom et son héritage. Demain j'assemblerai les grands pour leur révéler ce secret, qui n'est connu que de mon père et de vous. » La surprise, l'attendrissement et l'admiration s'emparent à-la-fois de l'ame de Pierre. Il ne trouvoit pas d'expressions pour témoigner à Blanche les sentiments dont il étoit pénétré. Il ne sortit de ce silence que dour jeter un cri de douleur au moment où l'of-

ficier, chargé par Blanche de rendre Élisabeth
libre, vint leur apprendre qu'elle n'étoit plus à
Palerme. « Lorsque je me suis présenté, conti-
nua-t-il, pour délivrer la princesse, le geolier
m'a appris que le roi lui avoit fait quitter cette
ville depuis quelques jours ; peut-être le cruel
l'a-t-il sacrifiée à sa haine. »

Cette nouvelle accabla Pierre et Blanche.
L'amour et l'amitié gémirent également dans
ces deux ames sensibles Blanche fit interroger
des prisonniers allemands sur le sort d'Élisa-
beth ; l'un d'eux répondit que Henri l'avoit fait
transférer dans un château voisin que gardoit
une nombreuse garnison. « Soldat, s'écria Pierre,
guide-moi vers ce fort ; il suffit de mes Proven-
çaux pour m'en rendre maitre ; et quel autre que
l'amant d'Élisabeth doit la délivrer ? » Blanche
ne voulut pas ravir à ce prince le bonheur de
sauver Élisabeth ; elle se contenta de faire sou-
tenir les Provençaux par un corps de Siciliens
qui les suivit. Pierre précipite sa marche, et
après quelques heures arrive au pied du châ-
teau. Tout-à-coup il fait dresser des échelles
contre la muraille, et y monte le premier, une
hache à la main. Un papier lui est jeté du rem-

part ; le gouverneur lui annonce que s'il ne se
retire pas, Élisabeth va périr ; que déja le glaive
est levé sur elle. Cette menace ne fait que redou-
bler l'ardeur de Pierre ; il approche du pont-
levis, il coupe avec sa hache une des chaînes
qui le retiennent : le pont s'abat, Pierre s'élance,
son armée le suit. Ils entrent dans le fort ; un
échafaud y étoit dressé, et déja Élisabeth ten-
doit la tête au glaive meurtrier. Pierre se préci-
pite sur le bourreau, le désarme, et d'un bras
sanglant enlève Élisabeth évanouie.

Quel fut l'étonnement et la joie de cette prin-
cesse, lorsque, reprenant ses forces et rouvrant
ses beaux yeux, elle se vit dans les bras de
Pierre, de cet amant qu'elle croyoit mort ou in-
fidèle ! Elle faillit perdre une seconde fois l'u-
sage de ses sens ; elle doutoit encore en pressant
Pierre sur son cœur. Il fallut, pour la convain-
cre, qu'elle entendît plusieurs fois les sons de
cette voix qui charma si souvent son ame,
qu'elle recùeillît long-temps les regards où elle
avoit lu tant d'amour ; enfin elle s'abandonna à
la plus douce des persuasions. Elle savoura le
plaisir de retrouver le prince qu'elle adoroit, le
bonheur de lui devoir la vie : elle apprit avec

délices qu'il n'avoit jamais cessé de l'aimer; elle écouta avec avidité le récit de ses malheurs, de son retour, de son départ à la demande de Blanche, de leurs victoires, et de leurs bienfaits; et elle reçut en rougissant l'assurance d'obtenir la main qui lui étoit si chère.

, Cependant Pierre lui ménageoit une autre surprise. En lui, contant le courage et les succès de Blanche, il lui avoit caché son généreux abandon. Tout entière à son amant, occupée seulement de sa flamme, de sa constance, de ses serments, elle revint à Palerme sans arrêter sa pensée sur le trône qu'on lui avoit conquis. Pierre la conduit dans la place publique : que voit-elle? Blanche, qui, en présence des grands, de l'armée, et des citoyens, dépose le diadème, s'avance vers elle, et s'écrie : « Peuple, soldats, voilà votre souveraine ; je ne suis que la fille de Toredo, je ne suis que sa sujette. J'ai osé prendre son nom pour la soustraire à la mort, je le lui rends dès que l'échafaud devient pour elle un trône. Élisabeth de Tancrède, montez sur celui de vos aïeux, et recevez pour premier hommage la soumission de Blanche. » L'assemblée éclata en applaudissements. Élisabeth, pé-

nétrée , vouloit refuser ; Toredo et les grands la
portèrent au trône , où , avant de s'asseoir , elle
appela dans ses bras sa tendre libératrice. Cette
scène remplit tous les cœurs d'émotion , tous les
yeux de larmes.

Les premiers soins d'Élisabeth furent d'unir
Blanche avec Soderini , qu'elle éleva au premier
ministère ; de donner de hautes dignités au che-
valier de Toredo , et de répandre ses bienfaits
sur tous ceux qui avaient combattu pour elle.

Lorsqu'elle eut satisfait à la reconnaissance ,
elle pensa à son bonheur. Elle prit Pierre pour
son époux ; leur mariage se fit à Palerme avec la
plus grande pompe. Élisabeth , heureuse , n'ou-
blia pas sa fidèle Blanche ; cette amie devint son
conseil. Elle lui portoit les plaintes des malheu-
reux , les desirs des peuples ; et la cour d'Élisa-
beth fut la seule où régnèrent à-la-fois l'amour ,
l'amitié et la justice.

Nota. Un livre de M. Boussanelle sur les
femmes expose ce fait :

« Harménie , restée seule de la famille royale
« de Syracuse , et proscrite par les ennemis de
« sa maison , ne put souffrir qu'on livrât au ty-

« ran une jeune citoyenne, déguisée sous la
« pompe royale, et substituée à sa place : elle
« vint s'offrir, et montrer au tyran sa véritable
« ennemie, et les restes d'un sang malheureux. »

C'est ce trait qui m'a donné l'idée de ma Nouvelle des DEUX AMIES ; j'ai inventé tout le reste,
et attaché l'action à une époque et à des noms
de l'histoire moderne de la Sicile.

La musique de la romance est de M. Dalvimare, l'un de nos plus célèbres harpistes.

RÉFLEXIONS

ESSAI SUR L'AMOUR.

On a beaucoup écrit sur l'amour : c'est que ce sentiment fait partie de notre existence ; c'est que la nature en a fait le premier besoin de notre ame ; c'est qu'il est le doux lien qui rapproche et unit deux sexes nés pour s'aider mutuellement à supporter la vie ; c'est enfin que l'amour, pour l'être qu'il maîtrise, devient l'occupation de tous les jours, la pensée de tous les instants, le mobile des actions même les plus indifférentes. Il est des sujets qu'on ne peut traiter qu'une fois ; mais l'amour a exercé les plumes les plus savantes, les plus délicates, les plus ingénieuses ; et l'on écrit et l'on écrira encore sur l'amour. Ce sujet sera toujours fécond, toujours neuf. Que les lettres et les arts s'anéantissent un jour, la dernière page attestera le pouvoir de l'amour ; le dernier tableau, la dernière statue offrira son image.

Il est pourtant peu d'écrivains qui, en parlant de ce sentiment, aient trouvé le secret de plaire et d'intéresser autant que l'auteur de l'essai que j'ai sous les yeux. Ce petit ouvrage est du nombre de ceux qu'on ne peut quitter sans l'avoir lu tout entier, et qu'on garde près de soi pour le relire encore. Ce n'est pas seulement pour les femmes, c'est pour les hommes qu'il est écrit.

On y trouve cette assertion bien juste, que l'amour est très favorable à l'idée de l'immortalité de l'ame. En effet, si cette croyance est sublime, combien elle acquiert plus de prix pour l'amant passionné ! Est-il près de sa maîtresse, il regarde ses charmes qu'il adore comme animés d'un feu céleste qui ne doit jamais s'éteindre ; il voit dans ses yeux qui l'enivrent le miroir d'une ame impérissable ; il écoute dans la voix qui l'enchante l'écho d'une pensée immortelle : perd-il son amante, il embrasse l'espoir d'un avenir qui doit la lui rendre un jour ; il envisage un autre monde, où leurs liens se renoueront pour ne plus se briser, où leur amour n'aura plus à craindre l'exil ni de l'absence ni de la mort.

25

Quelque agréable que soit cet ouvrage, il n'est pourtant pas au-dessus de la critique; on rencontre dans les dernières pages, sur-tout, des assertions hasardées. Il me semble que l'auteur n'a pas sur l'amour des idées toujours justes. Voici ce qu'il dit de ce sentiment :

« L'amour suppose dans son objet trop de qualités pour convenir au vulgaire, et par vulgaire j'entends ici les femmes qui ne sont qu'aimables, ou qui ne sont que jolies; les hommes qui ne sont qu'élégants, ou qui ne sont qu'estimables; en un mot, tout ce qui n'est pas extrêmement rare. L'amour suppose trop de constance pour convenir aux esprits légers, trop d'ardeur pour convenir aux esprits calmes, trop de retenue pour convenir aux esprits simples, trop d'enthousiasme pour convenir aux esprits froids, trop d'activité pour convenir aux esprits indolents, trop de desirs pour convenir aux esprits sages, trop de privations pour convenir aux esprits libertins. »

Avec un tel principe, je doute que l'auteur lui-même pût connoître l'amour; car il faudroit être un ange pour être digne de le sentir. D'ailleurs son assertion se contredit; il y prétend que l'amour ne convient ni aux esprits calmes, ni aux esprits violents, ni aux sages, ni aux libertins : à qui donc peut-il convenir ? car l'homme est nécessairement ou sage ou libertin, ou calme ou violent. Parle-t-il des caractères placés entre ces deux extrêmes ? Mais, outre que ces caractères sont rares, ils sont, par leur indécision même, encore moins propres à l'amour, qui demande une grande franchise de sentiments, une grande vivacité d'imagination. Cet exemple prouve l'abus de l'esprit, qui, à force de vouloir être ingénieux, s'égare dans les subtilités. N'exagérons rien. Pour qui la nature a-t-elle créé l'amour ? Pour les hommes ; c'est-à-dire pour des êtres imparfaits : elle a donc voulu qu'il s'alliât avec des imperfections. Oui, chacun aime avec ses bonnes et ses mauvaises qualités ; et l'amour reçoit, sans cesser d'être l'amour, toutes les modifications qu'entraîne chaque organisation physique et morale. Ne voit-on pas des tyrans, des scélérats même, adorer une femme ? On m'objectera qu'ils ne goûtent pas l'amour véritable : que signifie cette distinction ? Si l'attrait qu'ils éprouvent produit chez eux les mêmes effets que chez les autres humains, peut-on nier qu'ils aiment

réellement? Or ces hommes, ambitieux ou cruels,
n'éprouvent-ils pas, comme les amants, auprès
de leur maîtresse le charme et le tourment d'un
trouble brûlant et irrésistible? ne tombent-ils
pas à ses genoux? n'oublient-ils pas l'univers
pour elle? ne lui laissent-ils pas prendre sur
leurs pensées, sur leurs actions, sur l'intérêt
même de leur sûreté, un ascendant qu'ils refusent
à une mère, à une sœur? ne font-ils pas souvent
pour lui plaire, ou la guerre, ou la paix? n'ac-
cordent-ils pas à la haine d'une amante la tête
d'une victime, à ses larmes la grace d'un pro-
scrit? ne trouvent-ils pas enfin un bonheur à être
gouvernés par l'objet de leurs feux? Quel est
l'amour, si ce ne sont pas là ses caractères? Le
lion des déserts brûle-t-il moins que la tourte-
relle, parcequ'il rugit dans ses caresses, tandis
que l'oiseau soupire? Au reste, l'auteur est de
bonne composition : s'il refuse l'amour à presque
tout le genre humain, il accorde aux honnêtes
gens et aux cœurs sensibles la tendresse, aux li-
bertins la passion, à tous les hommes les plaisirs :
on peut se contenter de ce partage; et, comme
il le dit fort bien lui-même, si la rose étoit rare,
seroit-on à plaindre de n'avoir dans son jar-

din que des œillets, des jasmins et des violettes ?

Je relèverai encore le paragraphe où l'auteur avance que l'amour seroit dangereux dans une république, parceque le patriotisme doit y dominer sur tous les autres sentiments : cette opinion est bien sévère. Ne peut-on pas aimer à-la-fois sa maîtresse et son pays ? Dans les gouvernements où la beauté exerce son empire, les femmes chérissent sur-tout les guerriers ; ne consentent-elles pas par là à un partage entre elles et la gloire ? Pourquoi dans une république, où les deux sexes sont également élevés dans l'amour de la patrie, pourquoi, dis-je, en détourne-roient-elles le cœur des citoyens ? c'est aux législateurs à savoir faire tourner le pouvoir d'un sexe adoré au profit du patriotisme. Les anciens possédoient cet heureux secret ; l'éducation des Grecques et des Romaines étoit telle, qu'elles choisissoient de préférence le soldat qui avoit vaincu, l'orateur qui avoit combattu les efforts de la discorde ou du despotisme. Chez les Samnites, le législateur eut encore une politique plus habile ; il ordonna que tout homme, pour être époux, s'en rendît digne par un acte de civisme ou de valeur : c'étoit placer adroitement la sá-

gesse et la gloire sous la garde de la beauté.
Dans toute république dont les institutions au-
ront ce but, l'amour, loin d'être dangereux, de-
viendra utile, puisqu'il excitera la jeunesse à des
actions justes, ou à des exploits généreux, puis-
que ses faveurs ne seront le prix que du courage
ou de la vertu.

FIN.

TABLE

DES PIÈCES.

TABLE.

FIN DE LA TABLE.